경남산문선 96

김 순 이
수 필 집

순 이롭다
순이롭다

돌설 출판 경남

# 작가의 말
author's note

특별난 것 없는 삶의 무늬들을 그러모았다.
세상살이에 재바르지 못하고 늘 달팽이걸음이지만
반듯하게 나를 세우며 살았는지 되돌아본다.

예순쯤 내 이야기를 담은 책 한 권 출판하는 것을 꿈으로 품고 살았다.
마침내 꿈은 이루어졌다.
출판물 홍수 속에서 내 글이 활자 공해가 되지 않을까 고민이 된다.
그럼에도 불구하고 수필집을 묶었다.

오래된 꿈 하나 이루고 주변을 가만 둘러본다.
내 글 속에 든 소중한 가족과 벗들
가깝고 먼 인연들이 고마움으로 떠오른다.
글쓰기에 발을 넣고 치열하지 못할 때 곁에서 힘이 되어주신 문우들께도 감사함을 전한다.

2025년 칠월에

차례

작가의 말 — 2

**하나**

청혼받은 손 — 14
순純이롭다, 순順이롭다 — 19
즐거운 출석 — 24
가끔 편지를 쓴다 — 29
지우고 싶은 기억 — 36
막걸리 한 사발에 배추전 두 접시 — 41
쑥갓꽃 친구 — 47
우산과 건망증 — 51
요즘 좀 뾰족합니다 — 55

**둘** | 로또 맞은 날 ― 60

봄날의 보리밥 ― 66

새것에 대하여 ― 72

촌놈, 괜찮아 ― 77

공짜는 없다 ― 81

못난이 복숭아 ― 85

앙큼한 계산법 ― 90

바람벽에 기대다 ― 96

바람이 분다 ― 100

내 마음의 순천만 ― 104

이보다 더 좋을 수 없다 ― 110

**셋**

구급상자 — 116
친구 경아 — 121
도라지꽃이 피면 — 125
안아줘요 — 131
담쟁이와 담장 — 137
중심 잡기 — 141
장독대가 위태롭다 — 145
애인을 놓치다 — 149
안갖춘꽃 — 153
봉투 두 개 — 159

| | |
|---|---|
| **넷** | 오늘은 익살스럽다 — 164 |
| | 틈새에 피는 꽃 — 168 |
| | 어떤 뒷모습 — 173 |
| | 은밀한 고백 하나 — 177 |
| | 아무 일도 아닌 듯 — 183 |
| | 나답게 살기 — 187 |
| | 한밤중의 외줄 타기 — 192 |
| | 다슬기와 쇠비름나물 — 199 |
| | 창 너머 무지개 — 203 |

평설

순 이롭고, 순이로운 그녀 — 208

**이진숙** 소설가

하
나

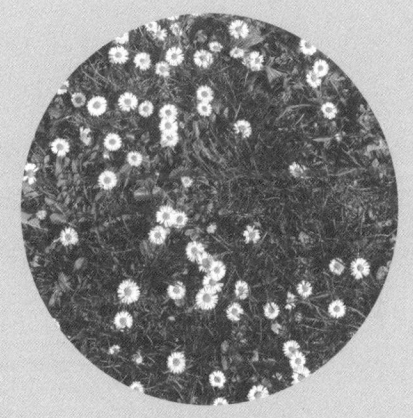

청혼받은 손 • 순 이롭다. 순이롭다 • 즐거운 출석 • 가끔 편지를 쓴다 • 지우고 싶은 기억 • 막걸리 한 사발에 배추전 두 접시 • 쑥갓꽃 친구 • 우산과 건망증 • 요즘 좀 뾰족합니다

# 청혼받은 손

 청혼받던 날을 생각하면 지금도 입꼬리가 실룩거린다.
 '칵테일 바'였다. 새콤달콤한 복숭아 향 가득한 '피치크러쉬' 칵테일에 시선이 홀린 나에게 그는 사뭇 진지했다. 반지는커녕 그 흔한 장미꽃 한 송이 없이 대뜸, "결혼하면 니 손에 있는 굳은살 싹 다 없애 줄게. 우리 결혼하자." 했다. 지금껏 듣도 보도 못한 말이었다. 그 순간 '피치크러쉬' 분홍빛이 내 마음처럼 흔들렸다. 눈물이 핑 돌았다. 두텁고 거친 내 손을 보면서 누구 하나 고생 많았다고 말해주지 않았다. 가장 아픈 곳을 정확히 파고든 완벽한 청혼이었다.
 남 앞에 손을 내놓는 걸 좋아하지 않는다. 모임 자리에서

수저를 놓거나 음식을 담아내는 일도 되도록 피한다. 다들 내 손만 보는 듯해서다. 과일을 깎아야 하는 상황이 생겨도 눈치 없는 사람처럼 외면한다. 장갑을 끼거나 손을 내보이지 않아도 될 때는 빛의 속도로 움직인다. 누구보다 손이 빨라서 일의 능률도 높다.

오래전 지인이 한 말이 잊히지 않는다. "과일 깎아내는 여자 손을 보고 나니 먹을 마음이 싹 사라지더라. 여자 손이 투박하고 험하니 입맛까지 뚝 떨어져." 웃자고 한 말일 수 있다. 그 말을 들으면서 내 손을 보았다. 투박하고 험한 손이 바로 내 손이었다. 그날 이후로 남 앞에 손을 내놓는 걸 더 꺼리게 되었다.

어린 시절 기억의 전부는 누워 계신 아버지 모습이다. 가난한 집에 병든 아버지는 몹시 불행한 현실 그림이었다. 초등학생 여자아이가 농사일을 도왔다. 집안일은 당연했고 아버지 몫의 노동을 7남매가 해냈다. 힘센 오빠나 남동생이 있었더라면 고생을 덜었을 것이다. 다섯째와 일곱째가 남동생이라 도움이 별로 되지 않았다. 셋째인 나는 하필 덩치가 커서 힘쓰는 일을 많이 했다. 그때부터 손에 굳은살이 조금씩 생겨났다. 하늘 아래 첫 동네 같은 산골에서 중학교 졸업할 때까지 살았다. 방학 때도 그곳을 떠나 본 적이 없다. 누구나 다들 그렇게 일하고 당연히 내 손바닥처럼 굳은 살이 있는 줄 알았다.

　학교를 졸업하고 도시로 나왔다. 친구들과 가끔 어릴 적 이야기를 할 때가 있다. 산에 나무하러 다녔고, 지게로 나뭇짐을 졌다는 말을 친구들이 믿지 않았다. 엄마를 대신해 모내기 품앗이를 다니기도 했다. 집에 우물이 없어 동네 우물에서 북청 물장수처럼 물을 길었다. 물지게를 지고 걸을 때는 정말 조심스레 걸었다. 그러지 않으면 반은 흘려버리기 때문이다. 누에 치는 일을 도왔기에 번데기를 먹을 수가 없다. 고추 심을 두렁도 만들고…. 이런 사연을 늘어놓으면 동시대를 살아온 친구들은 소설 쓰느냐며 의아해한다.

　도시로 나와 선택한 첫 직업은 미싱으로 수를 놓는 일이었다. 언니는 절대 섬유공장에서 일은 하지 말라고 했다. 공장에 다니는 '공순이'라고 무시한다며 싫다고 하였다. 미용이나 수놓는 일을 배우라고 했다. 어떤 일을 하면 돈을 빨리 많이 모을 수 있을까 언니에게 물었다. 미용사가 되려면 남 밑에서 3년쯤 기술을 배워야 하는데, 자수는 학원에서 한 달만 배우면 돈을 벌 수 있다고 했다. 그런 이유로 미싱자수를 배워 직업으로 갖게 되었다. 두 손으로 딱딱한 수틀을 끼웠다 뺐다 하며 무한 반복을 해야 했다. 수를 놓기

남편 마음과 내 마음을 닮은 동그란 반지를
하나씩 장만해서 결혼을 약속하였다.
손마디가 굵으면 어떻고 쭈글쭈글 주름이 많으면 어떠한가.
동그란 사랑을 다지며 동반자가 되었다.

전에 천을 팽팽하게 당겨 손바닥으로 수틀을 눌러 끼우는 일이었다. 손바닥에는 늘 굳은살이 넓고 깊게 자리 잡게 되었다. 그뿐인가. 실수로 미싱 바늘에 손톱을 박기도 했다. 그 상처들이 모여 못난이 손을 만들었다. 못난 손은 자격지심으로 데이트할 때 부끄러워서 손깍지를 껴본 적이 없었다.

  남편 마음과 내 마음을 닮은 동그란 반지를 하나씩 장만해서 결혼을 약속하였다. 손마디가 굵으면 어떻고 쭈글쭈글 주름이 많으면 어떠한가. 둘의 이름 첫 글자 '영♡순'을 새긴 반지를 끼고 동그란 사랑을 다지며 동반자가 되었다. "결혼하면 니 손에 있는 굳은살 싹 다 없애 줄게." 이 말은 오랫동안 지켜지지 않았다. 하지만 청혼받던 그 순간만큼은 아직도 달달하다. '피치크러쉬'처럼 복숭아 향이 피어오른다.

  이제는 못난이 손이라고 마냥 내버려 두지 않는다. 틈틈이 취미생활로 그림도 배운다. 손은 피부가 얇아서 자외선에 노출되면 얼굴보다 빨리 늙는다고 하니 선크림도 자주 발라 준다. 꼭 희고 고운 손이 아니라도 괜찮다. 누구에게든 따뜻하고 희망이 되는 미쁜 내 손이면 충분하다.

## 純순 이롭다, 順순이롭다

 요즘 민화에 빠져 산다. 그림을 완성할 때 마지막으로 태점을 찍는다. 태점은 전통적인 민화 요소로 도상 위치의 빈 곳을 채워 넣을 수 있고, 색이 연하여 밋밋한 부분을 도드라지게도 한다. 또 눈에 거슬리는 부분을 감추어 시선을 분산시키는 등 효과적인 표현 기법이다.

 오래전부터 그림을 배우고 싶었는데 지난해에 시작했다. 일주일에 한 번 문화센터에 나가서 두 시간을 배운다. 화구통 메고 걷는 뒷모습이 궁금한 날이 많다. 엉덩이를 씰룩씰룩 춤을 추지는 않았는지 말이다. 선생님께는 죄송하지만 내 맘은 벌써 고급반에 가 있다. 기초도 못 뗀 햇병아리가 자꾸만 날고 싶어 용을 쓴다. 마음에 드는 그림을 보면 "저도 이 그림 하고 싶습니다." 하고 도전장을 내민다. 그러면 선생님은 "아직은 안 됩니다." 하며 설레는 마음을 진정시켜 줄 때가 종종 있다.

어떤 이는 민화를 배우면 집이 무당집 된다며 놀린다. 또 다른 이는 도안을 떠서 색칠만 하는 걸 왜 배우느냐고도 했다. 의욕을 꺾는 말이라 순간 기분이 상했으나 겸손하란 의미로 받아들인다. 민화 재료는 연필, 먹, 붓, 물감, 분채, 봉채, 아교 등 다양하고 흥미롭다. 초보인 나는 아직도 연필과 물감으로 그림을 완성한다. 아직 만져 보지 못한 것과 마주할 시간이 설레고 기다려진다.

학교 다닐 때 미술 시간은 참 좋았다. 고무판화에 말 그림을 파서 먹을 묻혀 찍어내고, 박제된 꿩을 두고 데생했을 때도 칭찬을 받았다. 화가를 꿈꿀 수 있는 가정 형편이 아니었다. 가끔 내 꿈이 화가는 아니었을까 하는 착각에 빠지기도 한다.

팔순이 훌쩍 넘은 어머니도 요즘 도안에 색칠을 하는 치매 예방 프로그램에 참여하고 계신다. 토끼가 거북이 등을 타고 용궁으로 가는 도안을 멋지게 색칠하셨다. 가만 보면 솜씨가 예사롭지 않다. 어머니가 색칠한 그림을 거실 벽에 한 장 두 장 붙이기 시작했다. 거실이 어머니의 전시장이 되어 간다. 항상 아무것도 물려줄 것이 없어 미안해하셨는데 이제야 알게 되었다. 당신도 몰랐던 재능을 나에게 물려주었다는 사실을.

딸의 미대 졸업작품전에 갔다가 깜짝 놀랐다. 작품전 모티브가 엄마인 '순이'였다. 작품명이 '순純이롭다, 순順이롭다'로 중의적으로 표현했다. 엄마인 '순이'를 다양한 방법으로 소개하며 평소 내게 느꼈던 감정들을 그곳에다 집중해서 쏟아부은 듯하였다.

먼저 순이 사용법이다. 순이 기능을 '맥주 두 잔, 굿모닝콜, 식물도감, 우산 마중, 웃음 바이러스, 최고의 집밥, 러브레터, 행운'으로 나열했다. 가슴이 뭉클했다. 순이 언어는 '아이고 허리야, 가시나야, 문 꼭 잠그고 자, 흥! 미워, 밤늦게 다니지 마'였다. 내가 자주 쓰는 말들이다. 기가 차면서 웃음이 나왔다.

다음은 순이 지침서다.

"모든 제품에 사용법이 있듯 사람에게도 사용법이 있습니다. 순이의 시간을 담은 특별한 사용법을 읽은 후, 유용하게 사용하십시오. 순이를 아는 삶만으로도 위인전집을 만들 수 있으며, 인생의 원동력인 나만의 순이"

이렇게 적어놨다. 딸이 엄마 일상을 졸업 작품에 오롯이 담아 놓았다. 어안이 벙벙하면서도 가슴이 뜨거웠다. 딸의 졸업작품전은 나에게 주는 최고의 선물이 되었다.

물감을 만지고 붓을 잡는 기분은 말로 표현할 수 없을 만큼 좋다. 이렇게 흥미를 갖게 될 줄은 몰랐다. 바림이 제대로 되지 않아 색칠이 엉망이 되어도 스트레스가 쌓이지 않는다. 좀 더 일찍 시작했더라면 지금쯤 고급반 사람들처럼 잘하고 있을 텐데 하는 후회도 생긴다. 부귀영화를 상징하는 모란도, 조선시대에 과거 급제 혹은 출세를 상징하는 어변성룡魚變成龍, 잡귀를 쫓아내고 우리를 지켜주는 호랑이…. 민화 작품이 하나둘 늘어가고 있다.

하루는 수업을 마치고 조금만 더 그리다가 가야지 한 것이 글쎄 두 시간을 꼼짝 않고 그렸던 적도 있다. 좋아하지 않으면 있을 수 없는 일이다. 도안이 있어 그림이 쉽다는 말은 민화를 모르는 이들이 하는 말이다. 민화를 그려보지 않은 사람이 함부로 내뱉는 부정적인 말은 교만이다.

딸이 그림을 그릴 때는 내가 응원을 아끼지 않았다. 이제는 딸이 엄마의 든든한 후원자로 버팀목이 되어 준다. 딸이 쓰던 미술 재료를 쓰고 있다. 딸의 열정이 담겨 있어 내 그림은 일취월장 중이다. 나 역시 팔순 어머니를 응원한다.

색연필 색칠이 도안을 벗어나지 않기를 간절히 응원한다. 살면서 그림으로 삼대가 이렇게 이야기하는 날이 오다니 더없는 행복이다.

민화에서 바림에 정성 들이고 태점 위치를 잘 찍어 넣으면 그림이 우아하며 품위 있게 변한다. 내 남은 인생길도 바림과 태점이 조화롭게 잘 어우러져 '순 이롭고 순이롭게' 그런 삶이 되길 바라본다.

## 즐거운 출석

 벚꽃 흐드러진 나무 아래를 걷는다. 뭉게구름이 나뭇가지에 내려앉은 듯 꽃송이가 풍성하다. 바람에 꽃잎이 흩날리면 눈이 오는 착각에 빠진다. 꽃잎이 바닥을 뒹굴다 바람에 밀려 길 가장자리에 소복이 쌓인다. 사월에 내리는 꽃눈은 쉬이 녹지도 않는다.
 오전 아홉 시 삼십 분에 집을 나선다. 수년째 이 길을 오간다. 운동 시간에 늦을까 발걸음을 재촉한다. 숱한 유혹에도 넘어가지 않고 다니고 있다. 내게 딱 맞는 운동임이 틀림없다. 살아가면서 잠재적인 끼를 찾아내어 취미로 삼는 것은 참 좋다.

서른 후반에 동네 스포츠센터에서 에어로빅을 시작했다. 바쁜 일상에 쫓겨 결석이 잦았지만 그래도 꾸준히 이어온 운동이 삶의 질을 높인다. 나이가 더 들어 늙어 못하는 날이 오면 어떡하나 걱정도 앞선다. 안 좋은 일이 생겨도 운동에 집중하는 시간만큼은 다 잊는다. 좋은 일이 있으면 몇 배는 더 신이 난다. 추임새 넣고 노래를 따라 부르기도 한다. 이런 겉모습이 함께 운동하는 사람들에게는 온갖 상상을 일으키는 모양이다. 노래방을 내 집처럼 드나들고, 나이트클럽도 일주일 내내 다닐 것이라고 말하는 이도 있다. 그럴 때면 나는 그냥 웃고 만다. 음악을 들으면서 정해진 동작을 따라하는 게 쉽지는 않아도 그곳에 있는 자체가 즐겁다.

댄스 기본기 웨이브를 처음 접할 때였다. 나무토막처럼 뻣뻣한 몸을 어찌지 못해 배꼽을 잡고 웃었다. 강사가 시키는 대로 가슴, 배, 골반, 허벅지, 무릎이 벽에 닿는 연습을 수없이 했다. 어설프게나마 웨이브를 성공했을 땐 소리치며 호들갑을 떨었다. 또 숫자 8을 상체 움직임 없이 엉덩이로 그리기를 연습했다. 처음엔 부끄러워서 안 돌아가던 엉덩이가 차츰 주책을 떨기 시작하면서 즐거움이 배가 되었다. 길을 가다가 아는 댄스곡이 들려오면 멈춰 서서 사부작

사부작 동작을 맞춰보기도 했다. 그렇게 댄스에 열정을 쏟았다. 댄스를 시작하고부터 내 모습이 밝아졌다며 가족들도 응원했다.

주 3일 하는 운동이라 몸에 무리가 가지 않고 안성맞춤이다. 운동과 일상을 병행하므로 생활에 활력소가 되어 좋다. 애를 써도 안 되던 동작이 어느덧 자연스러워졌다. 힙합 스타일의 댄스복을 입고 아이돌 춤동작을 제법 따라한다. 점점 댄스에 빠져들면서 댄스복도 현란한 것으로 바뀌었다. 댄스복을 구입할 때 처음부터 찢어져 있는 것을 장만한다. 이런 톡톡 튀고 개성 넘치는 옷을 입는 것만으로도 젊어진 느낌이다. 가끔 나를 보는 친구들은 왜 날라리처럼 옷을 입고 다니느냐며 핀잔을 주기도 한다. 댄스의 디귿 자도 모르는 친구여서 그냥 웃는다.

우울감이 깊어져 아무것도 하고 싶지 않을 때였다. 기운 없이 축 처져 집에만 있을 때 가족들은 춤추러 가라며 성화였다. 한 곡을 추다가 오더라도 몸을 움직여 보라고 했다. 마지못해 스포츠센터로 발걸음을 옮겼다. 춤을 출 수 없을 줄 알았는데 내가 선호하는 것을 다시 해 보니 기분이 좋아졌다. 그렇게 조금씩 기운을 추슬렀다.

거창한 취미가 아니어도 나를 위한 시간은 꼭 필요하다.

스무 해가 넘도록 댄스를 배운 자칭 고수이며 흥 부자이다. 가끔 초보자들이 어려운 동작을 물어 올 때가 있다. 하지만 이렇다 저렇다 구체적인 동작은 말하지 않는다. 분명 난 자칭 고수이기에 "시간이 지나면 할 수 있어요. 결석만 하지 마세요." 말한다. 누구든 처음은 다 초보다. 뭐든 성급해서 좋을 건 없다. 꾸준히 하는 것이 중요하다.

  100세 시대를 신박하게 살려면 정적인 것과 동적인 취미 생활을 균형 있게 해내야겠다. 오늘도 함께하는 이들은 우스갯소리로, 보행차 밀면서라도 춤을 추자며 내면에 있는 행복을 내뿜는다. 새봄이 오고 또 와도 이 열정이 시들지 않기를 바라며.

# 가끔 편지를 쓴다

 매미가 떼창 하는 여름의 끝자락이다. 낮 기온이 역대 최고 기온을 경신하더니 조금씩 식어 간다. 올여름 어찌 지냈느냐는 안부에 저마다 에어컨을 안고 살았다고 답한다. 이렇듯 간절하게 가을을 기다려 본 적이 또 있을까.

 가을이 오면 가끔 손 편지를 쓴다. 어떤 형식에 구애받지 않고 주저리주저리 적어 본다. 수신인, 발신인은 같은 사람이다. 오래전부터 갖고 있던 습관을 버리지 못한다. 내가 좋아하는 노래 중 '가을엔 편지를 하겠어요.'가 있다. 유난히 가을을 타서 이맘때면 감상에 빠지기도 한다. 아주 기분이 좋거나 마음 상한 일이 있으면 나에게 편지를 쓴다. 편지지에 손글씨로 마음을 오롯이 옮겨 놓는다. 남에게는 들키고 싶지 않은 마음을 나에게 보낸다.

높은 하늘이 맑은 가을날이다. 집 앞 나뭇잎이 조금씩 물들기 시작하고 성질 급한 잎들이 가을을 재촉하고 있다. 가로수 따라 시장 가는 길이다. 길가 메타세쿼이아, 벚나무, 은행나무들이 가을을 맞이하려 까치발로 서 있다. 시선이 오래 머문 곳은 은행나무다. 발걸음이 절로 그 아래서 멈췄다. 가을 초입인데 일찍 물든 샛노란 은행잎이 산들바람에 흔들리고 있다. 한참이나 은행잎이 노니는 모습을 바라봤다. 햇살에 반짝이는 은행잎에 마음을 빼앗겼다. 바다에 윤슬이 일렁이며 빛나는 것 같다. 아마 내 안을 휘젓던 걱정들이 가라앉은 날이었나 보다. 시어머니의 건강이 염려스러웠으나 회복이 잘되어 걱정이 줄었다. 그 시간을 온전히 즐길 수 있다는 것에 감사한 순간이었다. 그래서 남편에게 몇 줄의 카톡을 보냈다.

'여보, 가을이 왔어요. 가족 다 건강하니 이 가을이 정말 정겨워요. 다 당신 덕분이에요.'

이렇게 마음을 실어 보냈다. '그래'라는 짧은 답장이면 충분한데 분위기 모르는 남편이 바로 전화를 걸어왔다. 전화를 받지 않자 연거푸 전화벨이 울려 받았다. 남편은 날씨가 그리 좋으냐고 물었다. 나는 김빠지는 목소리로 "이럴 땐 카톡으로 답을 해야죠!" 했더니, 남편은 "왜?" 하며 반문했다. "아저씨, 그냥 웃지요. 일하세요." 하고 끊었다.

즉흥적으로 보낸 내 감정이 유치할 수도 있다. 가끔은 유치한 줄 알면서도 보낸다. 그럴 때마다 원하는 답을 얻지는 못하지만 그래도 보낸다. 동갑내기 부부가 알콩달콩 안 살면 누가 이리 곰살맞은 사람으로 살겠냐 싶다.

요즘은 남녀노소 할 것 없이 스마트폰으로 소통한다. 카톡으로 여럿이 모임을 이어가며 일정을 공유하면 편리하다. 허나 여기에는 장단점이 있다. 카톡으로 상대의 감정을 읽기란 어렵다. 감정 전달의 한계가 있어 오해가 쌓이기도 한다. 읽음과 읽지 않음이 구별되는 숫자 '1'로 많이들 예민해진다. '1'이 사라졌는데 답을 하지 않으면 소위 '읽씹 당했다'며 서운해한다. 뿐만 아니라. 답을 할 때도 신중해야 한다. 자칫 오해를 살 수 있기 때문이다. 같은 말인데도 단답형인가, 물결 부호를 붙이고 이모티콘 사용 여부에 따라 어감이 달라진다.

이런 일이 있었다. 나보다 연배가 한참 높은 분이 장문의 카톡을 보내왔다. 그날은 일이 있어 휴대폰 들여다보는 게 어려웠다. 알람이 울려 살짝 확인했다. 그러자 1이 사라졌

편지는 그리움과 기다림이다.
편지를 쓰는 동안 상대에게 오롯이 집중하는
그 순간이 얼마나 소중한가.

다. 일단 답을 해야 했다. 급히 '예, 숙지했습니다.' 짧은 답을 보냈다. 그 이후로 내내 신경이 쓰였다. 차라리 나중에 확인해 볼 것을, 너무 버릇없이 답한 건 아닌가. 불편한 마음이 계속 들었다. 저녁에 연락을 드려 양해를 구하긴 했다. 하지만 짧은 답장을 확인한 순간 그분이 얼마나 어이없었을지 생각하니 등줄기에 식은땀이 흘렀다. 답이 늦으면 대부분 사람은 답하기 어려운 상황인가보다는, 읽었는데 왜 답을 안 할까 하며 기다린다. 손 편지를 써서 우체통에 넣고 설레는 마음으로 답장을 기다리던 그때와는 사뭇 다른 소통 방법이다.

 한때 편지를 쓰면서 답답한 마음을 다스렸다. 편지에 모든 마음을 풀고 싶었다. 직장에 다니며 많은 것을 참고 버텨야 했다. 월급을 받아도 나를 위해 아무것도 할 수 없었다. 유일한 취미라면 라디오를 청취하는 게 전부였다. 가끔 슬픈 감정들이 가득 채워질 때면 편지에 사연을 적어 방송국으로 보냈다. 방송국 관계자가 읽든 말든, 내가 보낸 편지가 폐기 처분되더라도 그냥 보냈다.

 얼마나 많은 사연을 보냈을까. 어느 날 사연이 채택되었다. 라디오에서 내 이야기가 흘러나온다는 것이 설레고 신기했다. 내 감정을 공감해 주는 누군가가 있다는 사실에 기

뽑혔고, 살림살이에 보탬이 되는 경품도 받을 수 있어 좋았다. 현실이 버거워 도피하고 싶어도 그러지 못하는 처지를 적어 보내면 속이 후련했다. 힘든 일을 해결한 날은 그런 내가 자랑스러워 사연을 보냈다. 편지지를 구기고 다시 쓰기를 몇 번이나 반복했는지 모른다. 그렇게 사연을 보내고 혹여 읽어줄까 하는 기다림의 시간은 삶에 활력이 되었다.

편지는 그리움과 기다림이다. 누군가에게 편지를 보내고 답장을 기다리는 시간이 행복했다. 순간순간 읽고 마는 카톡보다 여전히 편지가 좋다. 편지를 쓰는 동안 상대에게 오롯이 집중하는 그 순간이 얼마나 소중한가.

가을이다. 나에게 편지를 보내야겠다. 내 안의 내가 어찌 지내는지 안부가 궁금하다.

# 지우고 싶은 기억

 봄빛이 짙어가는 비음산이다. 앙상하던 산이 봄기운에 쑥쑥 자라서 우리 집과 훌쩍 가까워졌다. 나날이 푸르러지는 산을 보면 가슴이 설렌다. 다 좋을 수 없고 다 나쁠 수도 없다는 말이 있지만, 오늘만큼은 산을 바라보면서 모든 것이 좋아지고 싶다. '산' 하면 어김없이 떠오르는 악몽 같은 그날의 기억.

 오래전 일이다. 엄마의 전화가 고요하던 내 일상을 무너뜨렸다.

 "큰일 났데이. 느그 아부지가 논두렁 태우다가 불을 냈다. 물 퍼 나르는 헬기가 몇 대나 왔는지 모른다. 난리 났다. 우린 이제 망했다. 우야노!"

잔뜩 겁에 질린 목소리다. 아버지가 논두렁을 태우는 도중 순식간에 불이 산으로 옮겨붙었다. 건조한 가을 산이 불길에 휩싸였다. 온 동네가 희뿌연 연기에 뒤덮였다. 아침저녁으로 논두렁 밭두렁 태우지 말라고 신신당부하는 이장 방송을 귓등으로 듣더니 엄청난 일을 내고 말았다. 아버지로서 뭣 하나 제대로 한 일이 없으면서 이젠 산불이라니! 도무지 이해가 가지 않았다.

동네 산이 시꺼멓게 변해버린 후 가족 모두가 죄인이 되었다. 그저 한숨만 쏟아졌다. 동네 사람 누구 하나 뭐라 하지 않아도 우린 고개를 들고 다닐 수가 없었다. 아버지는 가족뿐만 아니라 주변 사람들까지 고개 숙이게 했다. 마을에 사는 일가친척과 동장, 더 크게는 면사무소 직원, 군청 담당자까지.

아버지는 나더러 힘을 좀 써주면 안 되겠냐고 사정했다. 너무도 황당한 말이었다.

"그런 소리 할 거면 공부라도 시켜 주지 그랬어요. 내 사는 게 이런데 주변에 도와달라고 말할 데가 어디 있겠어요. 죗값 다 받으세요."

모질게 말해버렸다. 그러고는 그 산에 풀이 나기 전에는 집에 안 갈 거라며 고함을 질렀다. 어쩜 남들 하지 않는 일만 찾아서 하는지 모르겠다고 악다구니 퍼붓던 그날이 아직도 생생하다. 너무나 또렷해서 눈물이 난다. 겁나고 슬프고 막막하던 그날을 어찌 잊을 수가 있을까.

고향을 떠나 사는 나는 그래도 다행이었다. 친정 가는 날을 줄이면 되었다. 고향에 꼭 가야만 하는 날은 검게 불탄 산 쪽으로 아예 눈길을 주지 않았다. 차마 그 산을 바라볼 수가 없었다. 화마에 심하게 다친 산은 한동안 미동을 하지 못할 게 분명했다. 수년이 지나야 풀씨를 일으킬 힘이 생긴다는 것을 알기에 더욱 외면하고 싶었다. 엄마는 불이 났던 산에서 시커멓게 탄 묘지들과 마주해야만 했다. 잿더미로 변해버린 묘지들을 소낙비 같은 눈물을 퍼부으며 쓸고 또 쓸어냈다. 빗자루는 엄마의 하염없는 눈물과 숨소리조차 삼켜버렸는지, 천근만근의 무게로 덤벼들었다. 언제 풀들이 무성하게 자라서 시꺼먼 상처를 초록으로 씻어낼 수 있을지 아득했다.

동네에 들어서면 혹여 마을 사람들과 마주칠까 봐 마을회관을 지날 때 눈치를 보며 살폈다. 아버지가 불을 낸 순간부터 가족들은 눈물 마를 날이 없었다. 그 동네 누가 불을 냈나, 처벌은 받았나, 어쩌다 그랬냐…. 이웃 마을 사람들의 수런거림과 엄마의 깊은 한숨까지 고향은 늘 나를 답답하게 옥죄어왔다.

시간이 지나면서 그 산은 조금씩 푸르러져 불난 흔적을 지워갔다. 순간의 실수로 온갖 험한 말과 원망을 받아내야 했던 아버지는 칠순을 못 넘기고 돌아가셨다. 가족인 우리도 힘들었는데 당사자인 아버지는 어떠했을지 가히 짐작조차 못했다. 오죽했으면 내게 도움을 바랐을까 생각하니 가슴이 아린다. 그때 왜 그리 모질게 굴었는지….

근래 들어 산불이 자주 난다. 산불이 났다는 기사를 접하면 어김없이 그날이 떠오른다. 며칠 전 강원도에서 난 대형 산불은 울창한 숲과 수많은 주택을 잿더미로 만들었다. 전쟁터를 방불케 하는 아수라장 속에서 불길에 맞서 사투를 벌이는 소방대원들 모습을 보았다. 그러면 누가 뭐라 하지 않아도 어김없이 아버지의 산불이 떠올라 얼굴이 화끈거린다. 남들에게 말 못 할 비밀을 품고 산다는 것은 참 슬픈 일이다.

'산' 하면 항상 그날이 떠오른다. 이제는 많이 희미해졌지만 끝내 지워지지는 않는 산불이다. 내 인생 한 부분만 지워지는 선택권이 주어진다면 그날을 지울 것이다. 그 사건이 떠오르면 가슴 한편이 먹먹해 온다.

주변을 돌아보니 너무나 화사한 봄날이다. 이런 날 하필 옹이로 남은 상처의 기억이 떠올라 마음이 뒤숭숭하다. 내일은 뒷산에 올라가 봐야겠다. 뒷산은 지금 연둣빛 향연이 한창이다. 그 속에 뛰어들어 내 속에 남은 우울을 훌훌 털어버리고 나뭇잎처럼 가벼워지고 싶다.

# 막걸리 한 사발에
# 배추전 두 접시

 여든 살이 넘도록 살고 싶다. 긴긴 겨울밤, 막걸리 한 사발에 배추전 두 접시가 저녁 한 끼로 괜찮은지 먹어보고 싶기 때문이다.

 경북 지방은 별미로 배추전을 만들어 먹는다. 엄마 말을 빌리자면 여름 배추전이 좀 밋밋하다면, 겨울 배추전은 덜 큰하고 시원하며 고소하단다. 고향 군위에서는 배추전을 '배추적'이라고도 한다.

 엄마는 음식을 만들 때 누구보다 정성을 기울이셨다. 맏며느리로 집안 큰 행사를 치르면서 몸에 밴 것 같다. 그중 엄마의 배추전은 특별했다. 밀가루에 적당히 물을 붓고 짜지도 싱겁지도 않게 소금 간을 했다. 이 모든 게 손대중으로 만드는 것임에도 완벽한 전으로 변신했다. 뻣뻣한 배추 줄기도 칼등으로 두드리지 않았다. 소금물에 살짝 배추 줄기 부분만 숨을 죽인다. 그런 다음 밀가루 반죽이 두껍지 않게 배춧잎 두 장을 나란히 붙여서 노릇하게 부쳐내셨다. '서당 개 삼 년이면 풍월을 읊는다'고 우리 자매들의 전 구워내는 솜씨는 여느 유명 요리사보다 월등하다고 자부한다. 어깨너머로 엄마에게서 배운 것이다.

요즘은 텔레비전이나 유튜브에서도 배추전 부치는 방법이 나온다. 어떤 것은 튀기듯이 하고 어떤 것은 반죽이 덕지덕지 붙어 있었다. 내 눈에 반도 차지 않는 배추전이다. 그런 날이면 배추전은 이런 것이지 하고 부엌에서 고소한 냄새를 피운다. 처음 창원에 와서 배추로 전을 부친다고 하니, 어떤 이는 배추에 무슨 영양가가 있어 먹느냐고 했다. 내 고향은 내륙지방이라 해산물을 구하기가 힘들다. 부산 동래파전이나 해물전은 해산물을 잔뜩 올려서 전을 부쳐 먹으니 그럴 수도 있을 것이다.

겨울이 되면 배추전을 좋아하셨던 할머니 생각이 난다. 막걸리 한 사발에 배추전 두 접시를 갖다드리면 할머니는 어김없이 '난 이거면 된다.'며 저녁을 거르셨다. 진짜였을까. 의문이다. 지금 여든 중반을 넘긴 엄마의 식사량을 보면 절로 고개가 저어진다. 행여 할머니가 더 드시고 싶어도 아버지 때문에 허기짐을 참으신 건 아니었을까. 뒤늦은 불안감이 몰려들곤 한다. 엄마에게는 더없이 무능력한 남편이었기에 할머니가 당신의 화풀이 대상이었음을 우린 진작 알았다.

  그래도 다행인 건 우리가 칠 남매라는 것이었다. 할머니가 돌아가실 때까지 우리 남매 중 누군가가 항상 그 곁에 있었다. 아무리 생각해 봐도 우리 남매들은 너무 일찍 철이 든 것 같아 슬프다. 그 누구도 엄마를 이해 못하는 건 아니었다. 몸져누워 있는 남편과 말귀 어두운 시어머니는 엄마에게 버거운 짐 같아 보였다. 개미지옥 같은 곳에 둘러싸여 살면서 많은 식구 끼니를 책임지는 게 쉬운 일이었겠는가. 그런 상황들이 엄마를 막막하게 만들었음을 알고 있었다.

  엄마는 꼭 우리가 있을 때 할머니께 고함을 치며 일방적으로 몰아붙였다. 그때마다 우리는 "엄마는 할매한테 와 카노! 할매가 참아. 엄마가 저 카는 거는 다 아부지 때문이라."

  태풍이 시골 마당을 쓸고 지나가면 엉망이다. 어디서 날아들었는지 모를 쓰레기들이 마당 여기저기에 나뒹군다.

꼭 그 뒷수습을 하듯, 엄마를 진정시키는 일과 할머니를 감싸는 일은 우리 몫이었다. 모진 말들이 서로에게 오갔던 순간조차도 좋게만 기억하고픈 걸까. 엄마는 분명 우리가 없을 때는 할머니를 함부로 대하지 않았을 거라고 믿고 싶다.

우리 자매들은 가끔 엄마를 울린다. 노릇하게 잘 부쳐낸 배추전을 둘러앉아 먹을 때면 어김없이 할머니가 떠올라서다. 이제는 기억이 희미해지는 엄마에게 할머니 살아계실 때 왜 그렇게 고함을 질렀냐고 따져 묻는다. 엄마는 할머니와 좋았던 일만 말씀하신다. "너 할매가 너들 다 업어 키우면서도 '가스나'라고 한 번 안 하더라. 할매 귀가 잘 안 들리가 내가 큰 소리로 말했다. 안 그라마 못 알아듣는데 되나. 야들이 와 자꾸 이카노. 내가 우쨌나?" 하며 눈물을 훔친다.

할머니처럼 나이 들어 동짓달을 맞고 싶다. 초저녁 막걸리 한 사발에 배추전 두 접시로 다음 날 아침 식전까지 허기지지 않은지 견뎌보고 싶다. 여든 살이 넘은 할머니를 만나 꼭 물어보고만 싶다.

"야야. 와 그런 걱정을 했노. 너 엄마 성질이 지랄이라 그렇지. 너 어마이가 솜씨가 있어 내 잘 먹었다. 배추적이 너무 무르지 않고 설익지도 않은 기 그래마 먹어도 배불렀

할머니처럼 나이 들어 동짓달을 맞고 싶다.
초저녁 막걸리 한 사발에 배추전 두 접시로
다음 날 아침 식전까지 허기지지 않은지 견뎌보고 싶다.

다." 하시면,

"할매, 엄마는 성질이 지랄 맞은 거 맞다. 엄마가 배추적 부칠 때 불 조절하듯이 성질도 잘 조절했으면 참 좋았을 낀데. 할매 맞재?"

이렇게 할머니와 맞장구치며 도란도란 이야기 나누고 싶다. 동짓날 긴긴밤을 좋은 기억들이 나쁜 기억을 다 덮어버릴 때까지, 할머니와 막걸리 사발을 들고 '할매, 사랑합니다!' 건배사를 외치고 싶다.

## 쑥갓꽃 친구

 쑥갓 꽃다발을 난생처음 받았다. 쑥갓은 먹을 줄만 알았지, 꽃이 이렇게 순박하게 생긴 줄은 몰랐다. 친구가 텃밭에서 키웠다고 했다. 집 식탁 위에 두고 보니 참 예뻐서 내 생각이 났다고 했다. 하양 꽃잎 가운데 노란색 물감을 떨어뜨려 자연스레 번진 듯 예뻤다. 자기 눈에는 예쁜데 혹 내게 쓰레기는 아닐까 하면서 쑥갓꽃 한 다발을 내밀었다.

 1년 전, 친구들과 점심을 먹었다. 식사 후 카페로 자리를 옮겼을 때 한 친구가 말문을 열었다.

 "애들아, 나 지금까지 이렇게 뚱뚱하게 살았는데 이제 에스라인이 될 것 같다."

 친구 말에 모두가 "헬스장 다니나?" 물었다. 친구는 너무나 아무렇지 않게 "아니, 나 암이래." 하였다. 그 말에 잠시 침묵이 흘렀다.

그런 친구 앞에서 우리도 태연해야만 했다. "진짜? 거짓말하는 거 아니지?" 하니 정말이라는 게 아닌가. 며칠 후면 서울 가야 한다는 것이었다. 분위기가 가라앉을 것 같아 우리는 너스레를 떨었다.

"야! 우리가 최고로 예쁜 비니 모자 사줄게. 암 병동에서 제일 예뻐야지. 또 뭐 사줄까?"

눈물이 터질까 봐 서로가 시선을 피했다. 오가는 말들이 조심스레 부딪치며 울음소리 없는 눈물이 흘러내렸다. 그날 친구와 헤어져 오는 길에 자꾸만 눈물이 났다. 사는 것이 너무 허무해서 화가 났다.

수술하러 서울 가는 친구에게 짧은 카톡을 남겼다. 만사가 귀찮고 할 테니 전화는 하지 않겠다고 했다. 내 기도발이 좋으니 분명 다 잘될 거라고도 짧은 문자를 남겼다. 그래도 너무 늦지 않게 괜찮다는 소식을 한 번만 달라고 했다. 그렇게 시간이 흘러 친구는 수술이 잘되었고 항암 치료를 시작하였다.

그 후 친구는 공기 좋은 농막에서 채소를 키우며 지낸다. 친구가 요양하는 농막에 찾아갔을 때다. 탐스러운 장미 꽃다발이 우리를 반겼다. 시장에 갔다가 꽃이 너무 예뻐서 한 다발씩 샀단다. 기분이 묘했다. 암 투병하는 친구에게서 꽃다발을 받다니 말이다. 그날 밤 친구가 속내를 털어놨다. 막상 암에 걸리고 보니 나을 수 있을까 무섭고 불안하다는 것이었다. 지금껏 열심히 살았는데 왜 이런 일이 생겼을까 하늘이 원망스러웠다고 했다.

"진짜 아프면 나만 섧다. 돈도 필요 없고 아등바등 살 것도 아니더라. 이제 와서 나를 위해 돈 쓰며 살려고 하니 쓸 데가 없다. 이렇게 꽃 말고는 딱히 살 것이 없어."

그저 우린 말없이 담담히 듣고 있을 뿐이었다.

"아파서 맛있는 것도 못 먹고, 예쁜 옷을 입고 어디 갈 데도 없다. 내가 아무리 나를 위해 돈을 써보려고 해도 하루에 10만 원쯤이면 충분하더라. 하루 10만 원씩 쓴다 해도 한 달이면 3백만 원밖에 못 쓴다."

친구 말에 공감하면서도 병이 더 악화가 되었나 겁이 덜컥 났다.

그날 친구에게서 받은 장미 꽃다발을 화병에 꽂아 거실 테이블에 놓았다. 아픈 친구가 준 꽃을 최대한 오래 보고 싶었다. 매일 사진을 찍어서 싱싱하게 우리 집을 빛내고 있다며 소식을 전해 주었다. 친구도 자주자주 예쁜 꽃을 사서 본다고 했다.

친구는 몇 번의 항암 치료를 마쳤고, 어느 날 점심을 먹자며 다시 만났다. 친구 손톱에 매니큐어가 칠해져 있었다. "손톱 예쁘네!" 했더니 밝게 웃으며 말했다. "독한 항암에 손톱이 시퍼렇게 변해서 외출할 때는 꼭 바른다. 야, 봐라. 나 지금 가발 썼다. 이게 자꾸 돌아가서 신경 쓰인다." 하며 우리를 편하게 해주려고 애썼다.

다행히 친구는 건강을 조금씩 회복해 간다. 6개월마다 정기검진을 간다고 들었다. 검진 갈 때마다 떨린다고 했으며, 결과가 괜찮게 나오면 또 6개월 시한부 시간을 벌어왔다고 했다. 그 힘든 시간을 견뎌내는 친구가 고맙고 자랑스럽다.

오늘은 친구가 쑥갓 꽃다발을 안겨주었다. 빈 생수병 가운데를 잘라 쑥갓꽃을 가득 꽂아주니 어울렸다. 어릴 적 시골에서 쑥갓을 키워 먹었으나 꽃대가 올라오기 전에 뽑아버려서 꽃을 보지 못했다. 희고 노란 쑥갓꽃이 채소밭 한 귀퉁이에서 일제히 피면 정말 예쁘겠다. 쑥갓꽃 꽃말이 '상큼한 사랑'이란다. 톡 쏘는 향내를 지닌 내 친구를 닮았다. 쑥갓 줄기를 꺾으면 그 자리에 새로운 순이 올라와서 가지가 풍성해진다. 꺾을수록 강인해지는 생명력도 친구가 닮았으면 하고 쑥갓꽃을 바라본다.

## 우산과 건망증

 빨강 신호등에 발 묶인 사람들이 우산을 받치고 서 있다. 그들 중 나만 봄비에 젖는다. 챙겨놓은 우산을 신발장 위에 올려놓고 그냥 나오고 말았다. 일기예보를 무시한 것은 아니다. 요즘 부쩍 심해진 건망증이 이런 불상사를 만들었다. '젠장맞을, 왜 이렇게 신호가 안 바뀌는 거지.' 횡단보도 건너편 빨강 불빛만 째려보고 서 있다. 비를 피하는 방법은 하나다. 신호등이 초록불로 바뀌면 번개처럼 뛰어가 버스 정류장 부스에 몸을 숨기는 거다.

 오늘따라 빨강 신호가 왜 이리 긴 걸까. 점점 타들어 가는 속내를 감추고 태연한 척한다. 이때 저만치서 한 여자가 우산을 쓰고 이쪽으로 걸어왔다. 우산 끝단에 하양 주름이

앙증맞게 잡혀 있고, 깜장 바탕에는 날씬한 아가씨가 여럿 그려져 있다. 우산 속 여자도 세련된 옷차림이다. 검은색 재킷에 검은색 미니스커트 그리고 하이힐을 신었다. 나는 여자가 들고 있는 우산이 부러울 뿐만 아니라, 왠지 추진력 있어 보이는 그녀 옷차림도 부러웠다. 이게 뭐지! 내가 여자를 잠시 쳐다봤을 뿐인데 여자가 내게로 다가왔다. 그러고는 빙그레 웃으며 우산을 받쳐준다. 순간 이 사람을 어디서 만났지, 내가 아는 사람인데 몰라보는 건가. 기억을 짜내어 본다. 전혀 생각이 나지 않는다. 얼떨결에 우산 속에 둘이 서 있다. 여자가 먼저 말을 걸어왔다.

"봄비치고는 많이 오죠?"

여자가 입꼬리를 올리며 미소를 짓는다. 나머지는 내 몫인가. 말이 여기서 뚝 끊겨버리자 다시 침묵이 흐른다. 어디서 만났을까, 아무리 생각해도 떠오르지 않는다. 드디어 생각의 방향이 바뀐다. 이 여자가 내게 무엇을 원할까. 분명 내게 원하는 게 있을 거야. 괜히 우산을 씌워 주겠어, 모르는 사람한테, 어떡하지. 차라리 비를 맞고 말 것을…, 하던 그때였다. 신호가 초록으로 바뀌었다. 순간 엊그제 딸이 한 말이 생각났다.

'엄마, 진짜 무서운 세상이에요. 길 가다가 누가 뭘 줘도 받지 말아요. 누가 차창을 내리고 길을 물어도 차 가까이 가서 가르쳐주지 마세요. 특히 할머니들 보따리 무턱대고 들어주지 말고요. 맛보라고 내미는 멸치와 다시마 이런 건 절대 입에 대지 말아요. 누군가 말 걸어 오면 주위에 검은색 봉고차가 있는지 살펴보고요. 엄마! 제발 잘못하면 끌려간다고요.'

정신이 번쩍 들어 주위를 살펴보았다. 아무리 눈동자를 굴려도 봉고차는 보이지 않았다. 내심 이런 내가 웃기기도 하고 한심하기도 했다.

여자와 보폭을 맞춰 건널목을 건넌다. 그다지 큰 우산이 아닌데 내 오른쪽 어깨까지 받쳐주었다.

"아니, 저는 괜찮습니다. 머리만 안 맞으면 됩니다."

"아니, 저도 괜찮습니다."

"그럼 볼일 잘 보세요."

"저, 정말 고맙습니다. 덕분에 제가 덜 젖었습니다."

짧은 대화를 나누는 동안 건널목을 다 건넜다. 버스 정류장에 도착했다. 여자는 눈웃음을 지으며 그대로 돌아섰다. 돌아서 가는 여자의 뒷모습을 보면서 혼잣말로 나를 나무라기 시작했다.

'너 미쳤구나. 미쳤어! 상대의 순수한 배려를 색안경 끼

고 보다니!'

오늘 자칫 몸과 마음이 비에 젖어 엉망이 될 수도 있었다. 하지만 그 여자로 인해 내 마음이 봄날처럼 화창해졌다. 창밖으로 보이는 풍경은 어느 때보다 참 맑고 곱다. 색색의 우산도 어여쁘고 물기 가득 머금은 나무마다 반짝이는 연둣빛도 사랑스럽다.

오늘 만난 그 여자는 내게 고운 봄비가 되었다. 이제 봄비가 내리는 날이면 그 여자 우산 속이 궁금해질 것 같다. 올봄은 이렇게 예쁘고 앙증맞은 또 하나의 추억 담긴 꽃밭을 만든다. 어디 사는지도 모를 여자의 안녕을 바라며 봄비 속에서 받은 사랑과 작은 용기를 꽃밭에 묻어 둔다. 늦지 않게 싹을 틔워 세상과 어우러지길 바라며.

## 요즘 좀 뾰족합니다

남편이 삼계탕 국물을 몇 순가락 뜨더니 부추전 굽느라 바쁜 나를 불러 세웠다.

"집에 소금 있어?" 한 손에 뒤집개를 들고서 홱 돌아섰다. 순간 가슴이 답답하고 짜증이 차올라 왔다. 얼마나 나를 무시했으면 집에 소금 있냐고 묻는단 말인가.

"그럼 있지, 집에 소금도 없을까 봐? 싱거우면 소금 좀 달라고 하면 될 것을 소금이 똑 떨어졌으면 또 무슨 꼬투리를 잡으려고?"

나도 모르게 버럭 고함을 질렀다. 집에 소금 있냐는 가벼운 물음에 상황이 걷잡을 수 없게 되어버렸다. 나 역시 깜짝 놀라 멈칫했다. '아차, 너무 지나쳤어!' 깨달았을 땐 남편의 짧고도 굵은 한 방이 들어왔다.

"뭐라카노! 그기 그래 성낼 일이가?"

남편은 숟가락을 딱, 내려놓았다. 그런 남편을 본체만체하고 다시 프라이팬 위에 놓인 부추전을 빤히 들여다보았다. 밀가루 반죽에 듬성듬성 자른 부추와 어슷어슷 썬 빨간 고추, 그리고 가지런히 채 썬 하얀 감자가 어우러져 부추전의 완성도가 한층 더 높아 보인다. 제각각 독특한 색깔을 지녔음에도 이렇듯 조화로운데 우리는 왜 이런 모습일까. 달랑 둘이 살면서 말이다. 직장에서 고생하고 돌아올 남편을 기다리며 즐거웠던 요리 시간은 어디론가 사라져 버리고 새까만 숯검정만 남았다.

몇 해 전부터 주변에서 갱년기로 힘든지 물으면 아직은 아니라고 손사래를 쳤다. 그때만 해도 갱년기에 관심도 없었고 설사 갱년기가 온다 해도 버텨낼 자신이 있었다. 그러던 어느 날인가, 몰라보게 날카로워진 성격과 몸의 변화를 느끼면서 알게 되었다. 드디어 내게도 피할 수 없는 시간이 찾아왔다는 것을.

갱년기로 인한 정신적 육체적 변화는 컸다. 여성호르몬 에스트로겐 분비가 줄어 완경에 이르렀다. 이루 말할 수 없는 서글픔이었다. 여성으로 누려온 익숙한 것들과도 하나둘 이별해야 했다. 신체적 변화에 따른 당황스러움에 우울감마저 찾아왔다. 무슨 말로 나를 위로할 수 있을까. 평소에 잘 먹던 음식에서도 두드러기가 올라와 응급실을 드나들었다. 사람마다 개인차가 있지만 내게 무척 힘든 시기임은 분명했다. 수면장애로 피로감이 누적되어 수면유도제 처방을 받기도 한다. 잠을 제대로 못 잔 탓인지 하루는 길을 가다 쓰러져 함께 외출한 딸을 놀라게도 했다.

이런 달갑지 않은 변화에 동갑내기 남편이 누구보다 고생이 많다. 남편은 나를 위해 갱년기에 좋다는 석류, 칡, 홍삼, 마늘 등 온갖 건강식품들을 쟁여 놓고 응원한다. 그런 남편이 있어 고맙고 든든하다. 다만, 한 번씩 눈치 없는 행동으로 내 속을 뒤집어서 탈이다. "당신은 참 별나단 말이야. 우리 엄마는 안 그런 것 같은데." 하는 남편의 무심한 말에도 나는 어김없이 땅벌이 되고 만다. "어머님도 어쩔 수 없어서 꾹꾹 누르느라 힘드셨어! 무딘 당신이 뭘 알았겠어?" 하며 매섭게 쏘아붙였다. 남자인 남편이 어머님의 갱년기를 눈치챘을 리 만무하다. 여자가 갱년기를 지날 때 최고의 약은 주변의 따뜻한 관심이라는 것도.

요즘 들어 '늙어는 봤나 나는 젊어도 봤다'는 유행가 가사에 절로 공감을 한다. 내 삶이 젊음의 강을 유유히 건너와 나이 듦이라는 나루에 닿은 듯하다. 이제는 팔팔 끓던 마음을 가라앉히며 곱게 익어가는 법을 배워야 할 때이다.

 이렇듯 마음을 자주 다잡아 보지만 오늘처럼 뾰족하고도 '낯선 나'를 만날까 가끔은 겁이 난다.

둘

로또 맞은 날·봄날의 보리밥·새것에 대하여·촌놈, 괜찮아·공짜는 없다·못난이 복숭아·앙큼한 계산법·바람벽에 기대다·바람이 분다·내 마음의 순천만·이보다 더 좋을 수 없다

# 로또 맞은 날

 뜻밖에도 그녀가 전화로 소식을 전해왔다.

 항상 마음뿐이었다며 그동안의 안부를 묻는 목소리가 밝아 안심이다. 그녀와는 우리 아이들이 초등학생 때 인연을 맺었다. 그 당시, 나는 연년생 아이를 키우며 집에서 부업을 했다. 그 시절 수많은 꿈 중 하나는 대출금 없는 아담한 내 집 마련과 천만 원이 든 통장을 갖는 것이었다. 그녀는 밤낮으로 바쁜 내게 항상 곁에서 도움을 주었다. 급한 일이 있을 땐 아이들을 며칠씩 맡겨두어도 걱정 없던 사이였다. 맛있는 음식을 나누는 기쁨도 있었고 공휴일에 함께 나들이 다니는 즐거움도 있었다.

아파트 생활은 인간관계가 단절되기 쉬운 곳이다. 지극히 개인적인 공간이어서 이웃 간에 정을 주고받는 게 힘이 든다. 그 말을 증명이라도 하듯 엘리베이터 안에서조차 눈길을 주지 않는 사람도 있다. 그러나 우리는 그런 말이 무색할 만큼 서로에게 예쁘고 든든한 울타리가 되어 주었다.

그녀에게서 풍기는 여유로움은 고생을 모르고 지낸 유년 시절에서 나오는 듯했다. 부잣집 맏며느리로 살림살이도 넉넉했다. 수수한 모습은 길섶에 활짝 핀 꽃처럼 언제 어느 곳에서 만나도 넉넉하고 마음 편한 사람이었다. 그런 면이 보기 좋았고 또 닮고 싶었다.

언제나 든든한 이웃으로 있어 줄 것 같은 그녀 집에 태풍이 몰아쳤다. 거짓말처럼 하루아침에 그 집 상황이 나빠졌다. 남편의 사업 실패로 그녀는 어쩔 수 없이 일거리를 찾아 나섰다. 건물 청소며 학원 차 운행, 식당 일 등, 새벽부터 밤늦은 시간까지 많은 일을 해냈다. 부유하게 자란 사람이라고 믿기지 않을 만큼 억척스럽게 하루하루를 지켜냈다. 하지만 한번 주저앉은 살림을 일으키기에는 역부족이었다. 여기저기서 그녀를 둘러싼 먹구름 같은 소식들만 들려왔다.

어느 날 그녀가 나를 찾아왔다. 우리 형편을 누구보다 잘 알면서도 오죽 답답했으면 내게 도움을 청했을까. 그 무렵 한시도 부업거리를 놓지 않은 나였다. 아이들 옷이며 학용품을 물려받고 외식은커녕 악착같이 저축만 하였다. 그런 내가 그녀를 믿고 은행대출금 통장을 건넸다. 내 이름으로 대출받아 그녀가 상환하는 조건이었다. 그녀를 믿고 무모한 약속을 하고 말았다. 돈을 빌려주면 사람도 잃고 돈도 잃는다는 말을 믿고 싶지 않았다. 지금껏 쌓아온 두터운 정을 믿기로 했다. 하지만 세상은 그리 호락호락하지 않았다. 도무지 형편이 나아지지 않는다며 그녀는 집을 줄여 이사했다. 약속이 어긋나자 대출금 이자를 갚는 것이 우선이었다. 나는 적금통장을 깨고 허리띠를 더 졸라야만 했었다. 우리 사이는 그렇게 점점 멀어져 어느덧 십여 년이라는 시간이 훌쩍 흘렀다.

해 질 녘 그녀가 내게 계좌번호를 알려달라고 연락을 해온 것이다. 이제는 어느 정도 숨 쉴 수 있는 여유가 생겼다며, 한꺼번에 다 주지는 못해도 몇 년에 걸쳐 조금씩 갚아 나가겠다고 한다. 그녀가 빚으로 발을 동동 구를 때 "우리 빚은 갚았으니 너무 애쓰지 않아도 됩니다. 돈 많이 벌면 갚아 주세요." 했던 내 말이 고마워서 지금껏 마음에 담아두고 살았다고 한다.

사람살이가 지치고 힘겨울 때도 많다.
그러나 이렇게 마음속 먹구름을 걷을 수 있는 날이 있어
살맛 나는 것은 아닐까.

돈은 많으면 많을수록 좋다고 나는 감히 말한다. 돈이 있어야 풍요로운 삶도 누릴 수 있다. 아주 가끔 대박이 나는 꿈을 꾸면 로또를 사기도 한다. 속물이라는 말을 들어도 좋다. 노력 없이 무임승차도 해보고 싶다. 그 확률이 0%에 가깝더라도 말이다.

우리는 반가움에 다음 날 당장 만났다. 손을 마주 잡고 한참 동안 서로를 바라보며 이야기를 나누었다.

"그 돈 주신다면 저한테는 로또 당첨입니다. 연년생으로 아이들 대학 보낼 때는 정말이지 한 푼이 아쉬웠어요. 어머니 병원비로 막막할 때도, 친구들이 여행 가자고 할 때도 빌려준 돈이 눈앞에 아른거렸지 뭡니까. 어휴, 이제 언니를 맘 놓고 만나러 와도 되겠어요." 내 말에 우린 서로 눈시울을 붉혔다.

아직도 밤낮으로 육체노동을 한다고 했다. 그동안 얼마나 고생했을지 그저 상상만 할 뿐이다. 잃어버린 보석상자의 열쇠를 찾은 것처럼 그렇게 기쁠 수가 없었.

우린 오랜만에 너스레를 떨며 함박웃음꽃을 피웠다. 드디어 우리 사이에 있던 불신의 벽이 사라졌다. 무엇보다 그 일을 옛일이라며 말할 수 있어 참 좋다. 살아가면서 이런 일들이 로또 1등 당첨이 아니겠는가. 지금껏 나는 그녀를 믿었다.

 사람살이가 지치고 힘겨울 때도 많다. 그러나 이렇게 마음속 먹구름을 걷을 수 있는 날이 있어 살맛 나는 것은 아닐까.

 시련 속에서 쉬이 좌절하지 않고 오뚝이처럼 일어서려는 그녀를 멀리서나마 마음으로 응원한다.

# 봄날의 보리밥

"친구야, 우리 봄날의 보리밥 한번 먹으러 가자. 이름에 끌리지 않니?"

"야, 보리밥이 거기서 거기지."

선뜻 내켜 하지 않는 친구 손을 끌고 '봄날의 보리밥'을 맛보러 식당으로 들어갔다. 식당은 입구부터 벅적거렸다. 손님 대부분이 여자들이다. 식당 주변에는 회사도 관공서도 없으니 그럴 만도 했다. 식당 안은 빈자리가 없게 꽉 차 있다. 거기다 어찌나 시끄럽던지. 여자들 입에서 쏟아져 나온 말들이 여름날 휘몰아치는 소나기 소리로 울린다. 드문드문 보이는 남자 손님들은 혼이 빠져나간 표정이다. 아마도 오늘 이후로 다시는 찾지 않을 것 같다.

'봄날의 보리밥'은 지인 소개로 알게 되었다. 점심 특선이 오천 원이라 값이 싸고 무엇보다 이름에 끌려서 꼭 들러보고 싶었다. 어렵사리 자리를 차지할 수 있었다. 먼저 주위를 둘러보았다. '봄날의 보리밥'이라는 이름이 주는 특별함이 어딘가 숨어 있을 것만 같았다. '봄날' 하면 연둣빛 새순과 아가의 조막만 한 손, 샛노란 병아리, 현기증 이는 아지랑이…. 이런 단어들이 새싹처럼 돋아난다. 이 보리밥집 어딘가는 청보리 빛깔이 묻어 있을 것 같다.

유년 시절 보리밥은 거칠고 가난한 음식이었다. 그래도 포만감을 느끼게 해준 고마운 음식이었다. 보슬보슬 윤기 흘러넘치는 쌀밥을 먹기란 쉬운 일이 아니었다. 보리밥을 지으려면 먼저 보리쌀을 삶아 대소쿠리에 담아 삼베 보자기를 덮어 부엌 살강에 얹어놓는다. 밥때가 되면 삶아놓은 보리쌀을 솥에 안치고 쌀 한 줌을 씻어 살포시 그 위에 얹고 밥을 짓는다. 쌀이 섞인 밥은 아버지 그릇에 퍼 담고 나머지는 나무 주걱으로 쓱쓱 잘 섞어서 식구가 먹었다. 입 안에서 돌돌 맴돌던 그 보리밥으로 허기진 배를 채우며 어린 시절을 보냈다. 보리밥을 찬물에 말아 풋고추를 된장에 찍어 먹고 마른 멸치를 고추장에 찍어 먹던 일이 허다했다. 남새밭에서 나는 푸성귀와 들이나 산에서 채취한 나물과 쓱쓱 비벼 먹기도 했다. 지금처럼 보리에 섬유소가 많이 들었는지, 각기병에 좋은지, 소화를 순조롭게 도우며 변비를 방지하는지 그땐 몰랐다. 보리는 찬 성질을 가졌는지 따위는 모른 채로 그냥 허기를 면하려고 많이 먹던 식량이다. 오죽하면 성인이 된 지금도 '보리밥' 하면 고개를 내젓는 식구가 있을까.

보리밥은 한때 쌀밥에 밀려 소외되었다. 하지만 몇 해 전부터 잘 먹고 잘 살자는 참살이 바람을 타고 다시 찾게 된 음식이다. 나는 보리밥에 고개를 내젓는 식구들과는 다르다. 성인이 되었어도 보리밥을 자주 해 먹는다. 특히 무더운 여름철 입맛이 없을 때 별미로 해 먹는다. 뜨거운 보리밥 위에 맵싸하고 구수하게 끓인 강된장을 넣은 다음 여러 가지 나물과 비벼서 먹는다. 언젠가부터 내게도 허기를 채우는 음식이 아니라 참살이 음식으로 자리를 잡았다.

어떻게 식당 이름을 '봄날의 보리밥'이라 지을 생각을 한 걸까.

"여기요, 봄날의 보리밥 2인분 주세요."

"예, 보리 두 개요!" 바쁘긴 바쁜 모양이다. 그래도 그렇지. 그 예쁜 이름을 '보리 두 개'라고 받아 내지르는 것을 보

'봄날의 보리밥'은 어떤 특정한 곳에서만 맛볼 수 있는 게 아니었다.
어쩌면 내 가슴속에 고여 있는 그리움 같은 것이다.
현실의 고단함과 갈등도 그 아련한 보리밥 속에 내려놓고
비벼 먹을 수 있는 것이 내가 찾는 봄날이 아니었을까.

니. 주문하고 40분쯤 지나서 음식이 나왔다. 된장찌개, 생선 두 마리, 묵은 나물 몇 가지, 채소 무침, 잡채, 샐러드, 두부조림…. 친구는 생각지도 않은 말을 불쑥한다.

"뭐 색다른 것도 없네, 겨우 이 정도인데 뭣 때문에 사람들을 불러 모으는지 이해가 안 가네."

기다림에 지쳤는지 아니면 수다 소리에 짜증이 난 것인지 음식이 다 나오고 나서 내뱉은 친구의 첫말이다.

"야, 너는 음식 솜씨가 있어 그렇지. 집에서 이렇게 구색 갖춰서 해내는 게 어디 쉬운 일이냐! 오천 원에 이 정도면 '봄날의 보리밥' 맞다. 안 그래?"

친구는 정말 마음이 상했는지 묵묵히 숟가락을 들었다.

"솔직히 혼자 먹자고 이렇게 가지가지 차리지는 않잖아. 가끔 점심은 이렇게 나와서 먹자."

내 꼬드김에 넘어가는가 싶더니 친구가 무겁게 입을 연다.

"여기 올 때부터 신랑한테 미안한 마음이 들었어."

"왜 미안해? 야, 좀 그러지 말자. 우리가 얼마나 자주 밖에서 점심 먹는다고. 너나 나나 백화점 찾아다니며 사치를 하니, 고급 레스토랑에서 스테이크를 자르는 것도 아니잖아. 이 정도면 괜찮은 거야. 너 왜 그래?"

나는 목청을 높여 꼭 어린 계집애를 훈계하듯 말했다. 가만히 내 말을 다 듣고 있던 친구가 입을 열었다.

"그게 아니라, 사실 신랑은 에어컨도 없는 데서 일하거든. 대형 선풍기가 돌아가도 소용없는 곳이라 여름이면 내가 집에서 가만히 있어도 정말 그이한테 미안한 마음이 들어."

야들야들하던 상추 겉절이가 목구멍으로 넘어가지 못하고 뻣뻣하다. 훈계하듯 친구를 대했던 내 일방통행이 부끄러웠다. 단순하고 무지몽매했던 나를 돌아본다. 아침에 남편의 작업복을 빨랫줄에 매달면서도 그냥 당연한 일상으로만 여겼던 나였다. 제법 그럴듯해 보이는 '봄날의 보리밥'을 삼키면서 그저 남들 사는 모습을 슬쩍 베껴 가며 살아볼 생각을 했다.

'봄날의 보리밥'은 어떤 특정한 곳에서만 맛볼 수 있는 게 아니었다. 어쩌면 내 가슴속에 고여 있는 그리움 같은 것이다. 현실의 고단함과 갈등도 그 아련한 보리밥 속에 내려놓고 비벼 먹을 수 있는 것이 내가 찾는 봄날이 아니었을까. 내게는 다행히도 나 닮은 함지박 같은 친구가 있다. 보리밥집을 나서며 오늘 저녁은 강된장 되직하게 끓여 남편과 볼이 터지게 쌈을 싸 먹어야겠다.

# 새것에 대하여

 새해 첫날, 많은 사람들은 약속이라도 한 것처럼 새 일출을 보러 나선다.
 새것은 설렘이고 희망이다. 새것에는 기쁨과 기대감이 들어 있다. 나도 그 무리 속에 들어 있다. 어둠을 가르며 붉은 해가 떠오르는 장면을 신성한 의식처럼 바라보며, 소원하는 일들이 모두 이루어지길 바란다. 매일 뜨는 해를 두고 호들갑스럽다는 생각은 하지 않는다. 지나온 한 해 안 좋았던 일들을 잊고 새로운 출발점에서 용기를 잃지 말고, 힘내자고 다짐한다. 새로운 한 해를 무던히 잘 살아낼 용기를 얻는 시간이기도 하다.

아파트 화단에 엄동설한을 이겨낸 봄꽃들이 실눈을 뜨기 시작한다. 또다시 새봄은 아련한 희망으로 찾아온다. 바싹 말랐던 나뭇가지마다 새싹이 움트고 벌과 나비가 기지개를 켜며 일어난다. 해마다 봄이 오면 좋은 일이 마구 터질 것 같은 기대감으로 설렌다. 힘든 일을 만나 움츠렸다가도 일이 술술 풀리면 '오늘은 봄날 같다'며 웃음 짓는다. 따스함을 품고 찾아오는 새봄은 희망의 상징이다.

'새'것이 너무나도 낯설던 시절이 있었다. 내게는 어울리지 않다며 기대조차 하지 않았다. 곰곰이 생각해 보니 성장하면서 새것을 가진 적이 거의 없었다.

중학교 입학을 앞두고 있을 때다. 욕심이라도 좋으니 새 교복과 새 자전거를 갖고 싶었다. 언니와 세 살 터울이라 일말의 희망을 품어보았다. 그런 예상은 아주 멀리 빗나가 버렸다. 언니가 물려준 교복은 낡을 대로 낡아서 소매와 바지 끝이 형편없이 해져 있었다. 3년 내내 다림질한 자리는 얼음판처럼 반질반질 윤이 났다. 십리 길 자전거를 타고 다니느라 엉덩이 부분에는 반질거림이 유독 심했다. 다 해진 교복을 입어야 한다는 생각에 눈물이 핑 돌았다. 고물 자전거는 삐거덕삐거덕 핸들을 살짝만 건드려도 부서질 것만 같았다. 안장은 제멋대로 돌고 타이어는 금방이라도 펑크가 날 것 같았다. 자전거가 거지꼴로 나를 쳐다보았다.

나는 왜 온전한 새것을 가지지 못할까. 새 교복을 입은 학우들 속에서 한없이 비참했고 모든 상황이 원망스러웠다. 3년을 어떻게 버틸까. 아득해서 간절히 기도했다. 그러자 간절함이 통했다. 중학교 2학년부터 교복 자율화가 되면서 낡은 교복과 이별했다. 내게 변변한 옷 한 벌 없었지만 그 교복보다 좋았다. 그리고 새 자전거는 아니어도 중고 자전거를 사주셔서 십리 길을 재미나게 타고 다녔다.

며칠 전, 아파트 분리수거장에 식탁 의자 네 개가 나와 있었다. 작년부터 식탁 의자를 바꿔보려고 인터넷으로 찾는 중이었다. 남편이 요리조리 의자를 살피고 만져보더니 쓸 만한 걸 버렸다며 집으로 들고 가자 했다. 나는 고개를 가로저었다. 이제는 남이 내놓은 물건은 집 안에 들이고 싶지 않다고 말했다. 남편은 "참 이상하네. 쓸 만한 거면 가져다 쓰면 되지!" 한다. 나는 "누가 내놓은 건지도 모르고 가져다 쓰긴 싫다." 했다. 꼭 받아 쓸 거면 누군지 알고 쓰겠다고 했다.

"요즘은 물건이 낡아서 버리는 게 아니라, 집안 분위기 바꿔보려고 새 물건을 산다니까요."

유독 고집부리는 나를 남편이 어이없는 표정으로 쳐다

본다.

"그럼, 우리가 볼일을 보고 올 때까지 이것들이 그대로 있으면 그때 다시 생각해 봅시다." 말하고 자리를 떠났다. 돌아오는 길에 그곳에 가 보니 누군가 의자 네 개를 다 가져가 버렸다.

그렇다고 늘 새것만 찾는 것은 아니다. 우리 집에 한 번 들어온 물건은 고장이 나지 않는 이상 집 밖으로 나가지 못한다. 오랜 시간 함께하며 추억이 깃든 물건들을 쉽게 버릴 수 없다. 혹여 부서지거나 고장이 나면 미련하게 어떻게든 고쳐서 사용하려고 한다. 서른 해를 넘기고도 멀끔한 거실장이 그중 하나다. 브랜드가 있는 것도 아니다. 결혼해서 처음으로 집을 샀을 때 장만했다. 거실에 두고 늘 바라보고 만지면서 산다. 처음 거실장과 만났을 때 얼마나 좋았는지 세상을 다 가진 것 같았다. 가끔은 거실장을 닦으면서 그날 그 기억에 입꼬리를 올린다. 유행을 따라 사는 성격이 아니다 보니 익숙함을 좋아한다. 이제는 골동품이 되었지만, 전자제품처럼 고장 날 일도 없다. 내 마음이 변하지 않는 한 언제까지 함께할 물건이다.

새것은 잠시 두근거림이다. 그 두근거림은 이내 익숙함으로 스며든다. 물건이든 사람이든 처음 마주했을 때 설렘으로 마음의 문이 열리고, 서서히 정이 들며 반질반질 윤이 나게 마련이다. 지난 시절 새것에 대한 설렘이 지독한 갈증으로 남아서일까. 아직도 나는 새 식탁 의자를 고집하며 인터넷을 검색한다.

# 촌놈, 괜찮아

"아이구야, 우리 소대장 온다!" 어머니가 반긴다.

나는 소대장이라는 말이 싫어 눈살을 찌푸린다. 그러거나 말거나 어머니는 나를 소대장이라고 부른다.

남자 같은 외모에 행동이나 말씨가 촌스럽다. 암만 노력해도 여성스럽거나 세련미가 보이지 않는다. 어머니가 나를 지리 반길 때면 집에 할 일이 많다는 뜻이다. 마당에 흩어진 쌀 포대를 한곳에 쌓아놓고 이불로 덮어두라고 한다. 힘쓰는 일은 꼭 내게 시킨다. "왜 사위한테 안 시키고?" 하니 "입을 몇 번이나 떼야 하고, 똑바로 하는 기 있나, 고마 니가 하는 기 맘 편타." 하셨다. 남편은 내가 쌀 포대를 들어 올려도 놀라지 않는다. 마당에 서서 그저 물끄러미 쳐다만 본다. 이제 와서 남편을 원망할 수도 없다. 신혼 시절 첫 단추를 잘못 채운 탓이다.

 한 달 지난 아기 때문에 밤잠을 설쳤다. 새벽녘에 잠깐 눈을 붙였다가 그만 늦잠을 자고 말았다. 밥을 짓기엔 어중간해서 라면이라도 끓여야지, 기지개를 켠 순간이었다. "이게 뭐야!" 못생긴 바퀴벌레였다. "여보, 보민 아빠, 바퀴벌레! 바퀴벌레!" 소리쳤다. 남편이 달려와 내가 가리키는 천장을 쳐다보더니 빗자루를 가지고 오라고 했다. 조용히 남편 손에 빗자루를 쥐어 주었다. 남편은 숨을 죽이고서 천천히 팔을 올려 녀석 앞에 빗자루를 들이댔다. 녀석도 뭔가 눈치를 챘는지 꼼짝을 안 했다. 남편과 나, 쪽수로 밀린다는 것을 감지한 게 분명했다. 남편은 "내가 떨어뜨릴 테니 잘 보고 놓치지 마." 했다. "응, 알았어." 내 말이 떨어지기 무섭게 남편이 빗자루로 녀석을 내려쳤다. 그랬더니 녀석이 공중제비를 넘으며 방바닥에 떨어졌다. 그쯤 되었으면 기절을 해야 했다. 그런데 녀석이 용케도 장롱 밑을 향해 속력을 내어 달리는 게 아닌가. 다이빙한 수영 선수가 잽싸게 물 밖으로 솟구쳐 나오는 장면이 연상되었다. 다급한 마음에 나는 그만 맨발로 녀석을 냅다 걷어찼다. 그러자 녀석이 뒤로 벌렁 나자빠져 몸부림을 쳤다. 집에 갓난 아이가 있기에 자비란 사치이다. 티슈를 한 장 뽑아서 손가락 한 마디로 녀석을 꾹 눌렀다. 눈 깜짝할 사이에 녀석을 돌돌 말아서 변기에 넣고 물을 내려버렸다. 아주 통쾌했다. 잠을 설쳐 찌뿌둥하던 것도 순식간에 사라졌다. "야, 무슨 여자가 그러냐? 응? 여자가 겁도 없냐?" 갑자기 남편이 버럭 화를 냈다. 빨리 가서 손과 발을 씻으라며 소리쳤다. 화장지 한 장만 뽑아서 녀석을 잡은 것도 나무랐다. 거기다 맨발로 녀석을 걷어찬 것이 못마땅하다고 했다. 어이가 없었다. 화장지는 급한 대로 뽑히는 만큼만 잡았을 뿐이다. 그 순간 맨발로 걷어차지 않았으면 녀석이 장롱 밑으로 들어갔을 거 아닌가. 남편의 눈초리는 가관이었다. 그리고는 "아기한테 그 발 닿지 않게 조심해!" 소리치고는 출근해버렸다. 기가 딱 막혔다. 이런 일로 여자 남자를 따지니 말이다.

내가 태어나 자란 곳은 시골이다. 산에 나무하러 갔다가 옷에 붙은 송충이를 보면 나뭇가지로 가만히 떼어 냈다. 모내기하다가 거머리가 다리에 달라붙어 있어도 손으로 떼어 냈다. 괜한 호들갑을 떨어서 시선을 집중시키는 일은 하지 않았다. 남편은 나에 대해서 아무것도 모르는 도시 촌놈이다. 도시 촌놈한테는 여자다운 게 뭘까. 내숭을 좀 떨어야 할까. 내숭은 내 체질이 아닌데 말이다. 도시 촌놈하고 앞으로 어떤 삶을 살게 될지 앞이 캄캄했다. 그날 아침은 바퀴벌레보다 내가 더 날벼락을 맞은 기분이었다.

이후로 집안일은 내 몫이 되었다. 비린 생선 손질부터 웬만히 무거운 물건은 내가 나른다. 시골집에 가면 아직도 어머니가 나를 소대장이라며 반긴다. 못 말린다. 내가 남자였으면 좋겠다고 입에 달고 사셔서 붙은 별명인지도 모른다. 일 잘하는 남자처럼 가리지 않고 일을 해서 내숭 떨 줄도 모른다. 여자는 꼬리 백 개를 달고 살아도 모자란다는데 나는 이미 틀렸다. 이럴 바엔 나답게 살기로 했다.

어머니는 오늘도 내가 한 일이 마음에 들었는지 사위에게 "이보게, 야가 거죽은 이래도 맘이 얼매나 깊고 보드라운지." 하신다. 진짜 미친다. 어머니도 딸 인물이 별로라는 걸 인정한 셈이다. 그래, 나는 죽었다 깨어나도 촌놈이다. 촌놈이면 어때. 촌스러워도 괜찮아.

# 공짜는 없다


 공과금을 내려고 줄을 섰다. 월말이라 은행 안이 복잡하고 오래 기다린 탓에 짜증이 났다. 그런데 그것도 잠시였다. 일을 보고 나오려는 순간이었다. 신사임당이 그려진 누런 지폐 한 장이 내 눈에 들어왔다. 벽 아래쪽 몰딩 부분에 묘기를 부리듯 붙어 있다. 순간 심장이 방망이질해댔다. 누가 볼세라 얼른 집어 늘었다. 얼굴이 화끈거렸다.

 '어쩌지! 하필이면 은행 안에서 돈을 줍다니! 은행에 맡길까? 아니야, 맡긴다 한들 주인을 찾는다는 보장도 없잖아. 그냥 가져갈까? 맡길까?' 갑작스럽게 소용돌이 속에서 헤어나지 못하고 있었다.

언젠가 식육식당에서 고깃값을 치르지 않고 고기를 배불리 구워 먹었다는 K의 말이 떠올랐다. 그 식당은 카운터에서 먼저 고깃값을 계산하고 고기를 구워 먹는 곳이다. K는 당연히 남편이 계산했거니 하고 고기가 담긴 접시를 들고 와서 먹었다. 남편 또한 아내가 계산한 줄 알았다. 접시에 가격표가 붙어 있었는데도 종업원이 말없이 고기를 구워주어서 계산되지 않은 고기라고는 꿈에도 생각하지 않았다. K는 집으로 돌아와서야 값을 치르지 않고 고기를 먹고 온 사실을 알았다. 하지만 고깃값을 지불하러 가기에는 식당과 거리가 너무 멀고 또 이미 고기를 다 먹어버린 뒤라 그냥 넘어가기로 했다. 누구라도 이런 일을 겪으면 자신처럼 행동했을 거라며 애써 정당화했다.

며칠 뒤 K는 재래시장에 갔다가 비슷한 일을 다시 겪었다. 생선가게 앞을 지나는데 '두 마리에 오천 원 하던 고등어가 세 마리에 오천 원!' 하고 외치는 소리를 듣고 고등어를 샀다. 가게 앞은 북새통이었고 주인은 고등어를 다듬느라 정신이 없어 보였다. 거스름돈을 받아들 때 갑자기 비가 쏟아져 비를 맞으며 집 앞에 도착해서 손을 펴보니 오천 원이 아니라 만 원짜리가 쥐어져 있었다. 하지만 K는 지난번에 식육식당에서와는 다르게 겁이 났다고 한다. 두 번씩이

나 이런 일이 생기고 보니 기분이 좋지만은 않았다. 그렇지 않아도 군에 있는 아들이 다리를 다쳐 깁스를 했다는 연락을 받은 터였다. 아들이 다쳤다는 연락을 받고는 혹시라도 전에 고깃값을 치르지 않아 그 대가를 치르는 건 아닌지 후회를 하던 터였다. K는 차가운 빗속에서 고등어를 한 마리라도 더 팔려고 허둥댈 아줌마의 모습이 떠올라 그냥 지나칠 수가 없었다.

K는 비를 맞으며 다시 시장으로 달려갔다. 쏟아지는 빗속에서 고기 상자를 치우느라 이리 뛰고 저리 뛰는 아줌마에게 거스름돈을 잘못 받았다며 오천 원을 돌려드렸다. 온몸이 비에 흠뻑 젖은 채로 고맙다고 인사하던 생선가게 아줌마 얼굴이 아직도 지워지지 않는다고 하였다. 비록 고의로 저지른 실수는 아니지만 누군가에게는 손해를 끼친 셈이었다. 그런 사실을 모른 척 지나친 것은 분명 잘못이었다. 세상에 공짜는 없다며, K는 아들이 군복무 중에 다쳐서 힘들어하는 것이 꼭 자기의 잘못인 듯 미안하다고 했다.

불가에 인연과보因緣果報라는 말이 있다. '어떤 일이 일어나려면 거기에는 반드시 원인이 있다. 원인 없이 일어나는 일은 없다'는 뜻이다. 또한 세상만사 일어난 일에 대해 어떻게 대응하느냐에 따라 좋은 결과로 혹은 나쁜 결과로 여러 가지 방향의 결과가 나타날 수 있음을 말한다. 쉽게 말해 복을 지었으면 복이 따라오고 죄를 지었으면 죄가 따라온다는 의미다. 현금인출기 앞에서 잠깐이나마 내적 갈등의 소용돌이에 휩싸였던 나는 마음속으로 외쳤다.

'그래, 세상에 공짜는 없어!'

그리고는 빳빳한 신사임당을 받쳐 들고 은행 창구로 향했다. 잠시 흔들렸던 마음을 환한 미소로 숨기고서 분실물 습득 신고를 하였다.

# 못난이 복숭아

 아, 이 일을 어떡하지! 복숭아가 딱딱한 차돌멩이다. 김치냉장고 맨 아래 칸은 언제나 채소 기능으로 설정해 두었는데, 강 냉장 김치 보관 상태로 바뀌어 있었다. 어제 청소하다가 일을 낸 모양이다.

 지난 일요일, 영천 작은아버지 댁으로 달려갔다. 급하게 복숭아를 따야 한다는 작은아버지 전화를 받았다. 복숭아밭에 도착하자 비구름이 음침한 눈빛으로 일손을 재촉했다. 여남은 일꾼들이 일사불란하게 움직였다. "오늘 딸 생각이 아니었는데 탄저병 기미가 보여 급하게 따게 되었다." 작은어머니가 연신 미안해하셨다.

엄마가 이모네에서 가져온 복숭아는 제각각의 생김새와 태깔이 달랐다. 한쪽이 볼이 움푹 팬 복숭아, 집다가 놓쳤는지 살짝 꼬집혀 멍이 든 복숭아…, 탄저병으로 상한 부분이 더 많은 복숭아였다.

 어린 시절 우리가 먹던 복숭아는 그림책에 나오는 예쁜 복숭아와 전혀 달랐다. 수줍은 사춘기 소녀 볼처럼 발갛고 둥근 복숭아, 갓난아이 볼처럼 탐스러운 복숭아가 아니다. 하지만 엄마가 이모네 집에서 하룻밤 자고 오는 날이면 집 안이 온통 향긋한 복숭아 내음으로 그득했다. 달콤하고 행복한 냄새였다. 우리 형편으로 온전한 과일을 먹기 힘들었다. 엄마는 흠집 난 복숭아를 몇 자루씩 곳간에 들여놓았다. 심지어 그 복숭아로 쌀과 포도를 바꿔 오기도 했다. 그때는 쌀, 보리를 자두나, 포도, 참외 등과 바꿔 먹던 시절이었다. 그땐 왜 그렇게 복숭아가 맛있던지 곳간을 보며 자꾸만 군침을 삼켰다. 못생긴 복숭아를 우리가 맛있게 먹으면 엄마는 흐뭇해하셨다. "맛깔스러운 과일은 새가 먼저 알아보고 쪼아 먹는단다." 하시며 자꾸자꾸 내주셨다. 직접 복숭아를 따면서 엄마의 하얀 거짓말이 떠올라 웃음이 났다.

 작은아버지가 귀농한 지 세 해째이다. 두 해 망쳐버린 복숭아 농사가 올해는 다행히 작황이 좋다. 일손이 부족해서

엄마가 이모네 집에서 하룻밤 자고 오는 날이면
집안이 온통 향긋한 복숭아 내음으로 그득했다.
달콤하고 행복한 냄새였다.

두 분은 제대로 잠도 못 잔다고 한다. 너도나도 힘든 육체노동을 피하는 바람에 복숭아 따는 일손 구하기는 점점 어려워졌다.

복숭아는 잔털이 있어 살갗에 닿으면 가렵고 따끔거리며, 손톱자국에도 쉽게 물러지기 때문에 장갑을 끼고 조심히 다루어야 한다. 손목에 힘을 빼고 살살 돌리면 똑 떨어진다. 하나하나 복숭아를 따는 손끝이 짜릿하고 가슴 벅차다. 어른 주먹보다 더 큰 복숭아를 만나면 나도 모르게 미소가 벙글어 마음도 깃털처럼 가뿐하다. 하지만 잘 익은 복숭아를 따는 순간, 물컹하게 손가락이 움푹 들어갈 때면 마음이 아프다. 기껏 힘들여서 키워놓고는 덧없이 훼손되는 허무함이 그대로 전해진다. 이런 사태가 벌어지는 이유 중에 하나가 일손이 부족해서이다. 세상 모든 것에는 때가 있다. 과일 농사는 특히나 더 그러하다.

기어이 비가 내리기 시작했다. 비가 그치고 나면 탄저병은 더 기승을 부릴 거라서 걱정이다. 그렇다고 덜 익은 복숭아를 딸 수도 없고, 최대한 잘 익은 복숭아를 골라 땄다. 과일 수확기에 비가 잦으면 당도가 떨어져 수매가격도 낮아진다. 비를 맞아가며 일을 서둘러 마쳤다. 작은아버지가 차 트렁크에 복숭아를 가득 실어주셨다. 약간 흠이 있는 것으로 달라고 했으나 작은어머니는 안 된다며 손사래를 쳤다. 그림책에서 본 발갛고 탐스러운 복숭아를 주셔서 김치냉장고에 넣어두었는데 사소한 부주의로 그만 얼어버린 것이다.

 귀한 복숭아를 이대로 버릴 순 없다. 딱딱하게 언 복숭아를 잘게 썰어 플레인요거트에 섞어 먹어본다. 아삭하진 않아도 과육이 시원하고 맛이 새롭다. 입안 가득 상큼한 복숭아 향이 배어든다. 복숭아 향에 밴 그 시절 그리움이 함께 스며들었다.

# 앙큼한 계산법

 아침 햇살 쏟아지는 시간에 길을 나섰다. 호젓하게 혼자 걸으며 생각의 문을 이리저리 여닫는 것도 좋지만, 오늘처럼 친구들과 셋이 길을 걷는 것도 좋다. 설렘과 즐거움으로 소풍 가는 아이처럼 들뜬다.

 풋풋한 흙냄새, 갓 피어난 억새꽃을 살랑살랑 건들며 달아나는 산들바람, 파란 하늘을 힘차게 날갯짓하며 나는 새들, 길가에 핀 쑥부쟁이며 돌멩이…. 발 앞으로 소르르 새끼 뱀이 지나간다. 산속에 있으면 언제부터인가 이런 자연의 어울림을 바라보는 것만으로 좋다.

 둘레길은 화려하지 않아도 은근하게 정감이 가는 게 매

력이다. 집 가까이 이런 멋진 숲길이 있다는 것은 행운이다. 거기다 잠시 쉬어갈 수 있게 의자와 평상이 중간마다 놓여 있어 더 반갑다.

얼마나 걸었을까. 저만치 쉼터가 보인다. 오랜만에 만난 친구들이라 마음 놓고 수다 떨며 쉬고 싶다. 그러나 그곳에는 먼저 온 사람들이 자리를 차지하고 있다. 조금만 더 가다 보면 쉴 곳이 있겠지. 우리만의 온전한 공간을 만나기 위해 계속 걸었다.

한참을 걸어도 빈 평상과 의자는 보이지 않았다. 결국 예순쯤 되어 보이는 아주머니 두 분이 앉아 있는 평상에 합석하였다. 그런데 정작 고민은 그때부터 시작되었다. 두 친구는 생수만 들고 왔고 나는 달걀 세 개를 가지고 왔다. 이기심과 이타심의 경계에 섰다. 이왕 쉬는 거 편안하게 쉬라면서 평상에 올라오라는 아주머니들의 인사를 뒤로하고 우리는 평상 끝에 등을 돌리고 걸터앉았다. 달걀 세 개를 우리끼리 먹겠다는 속셈이었다.

아침을 거르고 여태 걸어온 데다 점심을 먹으려면 두 시간쯤은 걸어야 했다. 빈속으로 계속 걸었다가는 아무래도 목적지까지 가긴 힘들 것 같았다. '어쩔 수 없어. 달걀 하나를 쪼개 먹을 수는 없잖아.' 그렇게 우린 눈빛을 나누고 도

길을 걸으며 우린 잠시 침묵했다.
나는, 우리는, 누구에게 이런 나눔을 베풀었는지를,
천천히 둘레길을 걸으며 생각에 잠겨본다.

둑고양이처럼 조심스럽게 달걀 껍데기를 벗겨 한입에 집어넣고는 생수를 들이켰다. 달걀 하나를 순식간에 삼켜버린 것이다. 콩 한 쪽도 나눠 먹는다는 말이 무색해지는 순간이었다.

그나저나 달걀을 우리만 먹고 나니 마음이 무거웠다. 뒤늦게 후회가 밀려들었다. 새삼스레 등을 돌려 평상에 들어앉으려니 민망했다. 일어나 다시 걷자니 다리가 풀려 있다. 우리끼리 먹어 치운 달걀로 마음이 벌을 서는 중이다. 그런데 이를 어째! 악마의 유혹처럼 커피 향이 등 뒤에서 솔솔 풍겨오는 게 아닌가. 커피를 그다지 좋아하지 않는 나도 괴로운데 커피라면 죽고 못 사는 친구는 오죽할까. 그때였다. 친구는 말릴 새도 없이 등을 돌려 소리쳤다.

"산에 오니까 커피 향이 정말 좋네요. 진짜 맛있겠어요!"

나는 뒤늦게나마 그 염치없는 친구를 말렸다.

"야, 우리는 달걀 안 드렸는데 부끄럽게 왜 그래?"

그러자 아주머니 한 분이 웃으며 말을 받았다.

"그쪽은 달걀을 안 주셨지만 우린 커피를 줄 수 있어요."

내 말이 그리 우스웠던지 흉내까지 내면서 아주머니 두 분은 배꼽이 빠져라 웃었다. 그러면서 커피 석 잔과 과자를 내밀었다.

"괜찮으니까 마음 편히 먹어요."

우리는 부끄러움도 잊고 마주 앉아 커피를 마셨다. 아이는 몇이고 어디쯤 사는지…, 얘기 나누며 금방 친해졌다. 잠깐의 휴식을 마치고 헤어졌다.

길을 걸으며 우린 잠시 침묵했다. 아마도 같은 생각에 잠겼으리라. 콩 한 쪽도 나눠 먹는다는 속담은, 먹는 걸 나누는 이상의 의미를 담고 있음을 몸으로 새삼 깨달은 날이다. 삶은 달걀 세 개를 나눠 먹는 방법을 생각해 내지 않았던 것이다. 평상 쪽으로 등을 돌리던 그 순간을 떠올리자, 얼굴이 화끈거렸다. 한순간에 부른 이기심의 결과다. 어디서든 중요한 건 마음인데 말이다.

벗들과 숲길을 걸으며 바닥난 여유를 충전했다. 이 또한 숲으로부터 나눔 받은 것이다. 나는, 우리는, 누구에게 이런 나눔을 베풀었는지를, 천천히 둘레길을 걸으며 생각에 잠겨본다. 달걀 한 알의 나눔, 그 앙큼한 계산법을 한 잔 커피로 깨달은 참으로 부끄러운 날이다. 믹스커피 한 잔으로도 크나큰 인연과 일상의 즐거움을 만들 수 있다는 진리가 나를 돌아보게 한 날이다.

## 바람벽에 기대다

 해 질 무렵, 아직 집에 돌아올 식구가 없는데 초인종이 울린다.
 "누구세요?" 물으니 남자 목소리가 들려왔다. "옆 통로에서 왔습니다." 남자는 다그치듯 대문을 탕, 탕 두드리며 재차 "옆 통로에서 왔습니다." 한다. 옆 통로라는 말에 의심하지 않고 문을 열었다. 순간 내 앞을 가로막은 것은 사람이 아니라 현금이었다. 현금 십만 원을 미끼로 신문 판촉하는 이였다. 거짓말로 문을 열게 하다니 어이가 없었다. 구독하는 신문이 있으니 시간 낭비하지 말고 다른 집에 가보라고 말했으나 내 말을 귓등으로 흘렸다. 이미 남자 구두코가 현관문 비스듬히 들어와 있었다.

 현관문을 사이에 두고 밖으로 밀어내려는 나와, 조금이라도 안쪽으로 발을 넣겠다는 남자와 팽팽한 줄다리기가 이어졌다. 서비스를 잘해 드릴 테니 신청하라며 남자는 재촉했다. 문을 열어준 것을 후회했다. 그렇게도 아이들에게는 문단속을 잘하라고 일렀으면서 정작 나는 그 사실을 깜박하고 말았다.

 "아저씨, 신문 안 봅니다. 제발 그냥 가세요."

 냉정하게 잘라 말하는데도 남자는 버티고 섰다. 인상도 찌푸렸지만 그리 쉽게 물러설 기미가 안 보였다. 아차, 그때 아버님이 떠올랐다. 안방에 계시는 아버님을 부를 생각을 왜 못한 걸까.

 낡을 대로 낡은 대문을 고물 장수가 눈독 들인단다. 대문 한 짝에 이만 원이면 잘 쳐주는 거라며 자꾸만 어머니를 꼬드겼다. 당시 대문은 이십 년 넘게 삐거덕거리며 이빨 빠진 호랑이였다. 명색이 대문인데 집안일과 골목에서 일어나는 비밀을 누설한 채 녹슨 세월만 겹겹이 쌓여갔다.

 "아야, 오늘 장에 가서 좋은 대문 마차났고 왔데이."

 "대문은 왜요?"

"인자 너그 아부지 없으니 무서버서 안카나."

우리 집을 중심으로 사방이 다 빈집이다. 아니, 폐허다. 사방이 빈집이라 만약 우리 집에 무슨 일이 생긴다고 해도 누구 하나 달려올 수가 없다.

"대문만 새로 달면 뭐 해요? 병든 고양이도 넘나드는 허술한 그 담에는 대문이 필요 없어요?"

담을 고치기 전에는 새 대문 달 생각은 하지 말자는 내 말에 어머니는 공감하고 대문 달기를 멈췄다.

내 기억 속의 아버지는 늘 병석에서 어머니를 힘들게 하셨다. 병든 아버지를 돌보며 농사일까지 하느라 어머니는 언제나 곱절로 힘들었다. 아버지가 세상 떠나자 이제 어머니가 짊어졌던 큰 짐 하나 내려놓고 이전보다 더 편안하게 지낼 거라 믿었는데 내 예상은 빗나가고 말았다.

"아랫목에서 자리보전하는 남편도 없는 것보다 낫다. 야야, 그래야 남들이 괄시를 안 한다." 어머니는 말씀하셨다.

그 후 고향 집을 찾았을 때는 집 분위기가 많이 달라져 있었다. 마당 가에 텃밭을 만들어 고추도 심고 예전처럼 뒤란에 꽃밭을 가꾸었다. 눈에 띄게 이상한 건 댓돌 위에 주인 없는 흙 묻은 남자 장화 두 짝이 가지런히 얹혀 있고, 또 남자 비옷이 빨랫줄에 널려 있기도 했다. 이 집에 남자가 있다는 걸 낯선 방문객에게 알리기 위함이었다. 논밭에 허수아비를 세워둔 것과 같았다. 허공에 세워 놓은 바람벽일지라도 어머니에겐 큰 위안이 되었나 보다.

"아버님, 아버님!"
나는 고개를 안방으로 향한 채 아버님을 크게 불렀다. 그제야 뱀이 꼬리를 감추듯 낯선 남자 구두코가 스르르 현관문을 빠져나간다. 사실 시아버님도 치매로 안방에서 자리보전 중이시다. 불러도 거실까지 나오지 못하신다. 남자는 내가 바람벽에 기대어 있다는 사실을 모르고 발을 빼고 사라졌다.

# 바람이 분다

 코끝에 땀 냄새가 물씬 몰려든다. 요즘은 중독처럼 운동을 안 하면 몸이 아프다. 몸살 기운이 있어도 땀에 흠뻑 젖도록 움직여야 몸이 한결 가벼워진다. 그 이유로 헬스장에 머무는 시간이 많아진다.

 우연히 헬스장 회원들이 나누는 얘기를 들었다.

 "K가 눈 밑 지방 제거 수술이랑 눈가 주름 제거 수술을 했는데 완전 예뻐졌어. L은 얼굴 피부 박피 시술을 했잖아. 피부가 아기 같아. 자기는 어디 병원 다녀? 그래, 나이 들수록 꾸미고 살아야지, 백세시대인데 할 수만 있다면 뭐든 해야지, 어쩌겠어."

그들 이야기가 내겐 꿈만 같았다. 티브이 드라마에서나 본 내로라하는 사모들만의 이야기 같다. 요즘 부쩍 '안티에이징' 바람이 분다. 여기에 '웰빙' 바람도 합세해서 불어댄다. 도시나 시골 가리지 않고 유행처럼 번진다.

겨울이면 친정 동네는 농한기에 접어든다. 이 틈을 타서 도회지 장사꾼들이 찾아와 순한 시골 사람들 심리를 이용해 호객 행위를 한다. 현란한 음악과 춤으로 시선을 모은 다음 외로운 어르신들의 민감한 감정선을 건들기 시작한다.

한적한 시골에 찾아와서 "내 몸 아파 보이소, 어느 자식이 챙길까요. 한여름 땡볕에서 죽을 둥 살 둥 일해서 자식들 챙겨줘도 허삽니다. 늙으면 다 소용없습니다. 농촌에 사시는 어머니들과 도시에 사는 어머니들 피부를 비교해 보면 억장이 무너집니다. 이제는 어르신들도 얼굴에 신경을 써야 합니다. 시골에 사신다고 가꾸지 않으면 안 됩니다."

노랫가락 들려주며 쓸쓸한 노인들에게 접근해서 친절한 척 쉽게 장사를 한다. 효자도 불효자도 부모가 만든다 하며, 섭섭한 마음을 털어 낼 수 있다 하니, 앞뒤가 맞는 말인지 아닌지 곰곰이 생각해 볼 일이다. 한눈에 봐도 싸구려 같은 화장품을 엄마가 내민다.

"어르신들, 따님 것은 기본으로 챙기시고요. 마음에 안 드는 며느리 것도 하나씩 챙기세요. 그래야 자주 찾아오고 어머님을 좋아합니다."

이 말에 엄마도 넘어갔을 것이다.

"야야, 이거 바르면 시키면 얼굴이 뽀얘지고 주름도 피진단다."

"엄마, 이거 얼마 주고 샀어요?" 다그치듯 물었다.

"한 개 만 원 줬다. 그 사람들 그날 금방 다 팔고 갔다. 자식들 준다고 한 집에 몇 개씩 샀다."

"이런 거 다시는 사지 마세요." 말했다가 아차, 좋은 마음으로 샀을 건데 싶어 다시 말을 바꿨다.

"어때요? 발라보니까 괜찮은 것 같아요? 그러고 보니 울 엄마 얼굴이 예뻐졌네! 다음엔 내가 더 좋은 거 사 올 테니 이것만 바르고 다신 사지 말아요. 약속이에요." 이렇게 신신당부했다.

엄마가 건넨 화장품은 신뢰가 가진 않지만, 딸에게 선물한 엄마 마음이 다칠까 조심스럽다. 주름살을 펴 준다는 화장품은 성분을 따져보지 않아도 신뢰가 가지 않는다. 엄마는 안티에이징과 웰빙 바람 속에 숨어든 포장된 허풍일지라도 그 순간은 뿌듯하고 만족했을 것이다.

늙음이 싫은 건 누구나 같은 마음이다. 순박한 시골 어르신들이 저런 거짓말에 현혹되어 상처받지 않았으면 한다. 그분들이 자연스레 늙음을 받아들이며 아프지 않고 외롭지 않은 시간을 보냈으면 좋겠다.

오늘도 운동으로 땀을 흘리며 나만의 안티에이징을 실현해 본다.

## 내 마음의 순천만

유월에 처음 순천만을 찾아갔다. 순천만 습지는 어느 계절에 찾아가면 좋을까. 나는 사계절 모두 좋다고 힘주어 말하고 싶다. 순천만은 언제 어느 때 찾아가도 감동이다.

아이들 키우느라 여행은 엄두도 못 내었다가 친구들 성화에 못 이겨 순천 여행길에 올랐다. 삶의 여유는 저절로 생기는 게 아니라 스스로 만드는 거라고 친구가 말한다. 매번 여행에 빠지는 내가 안타까워서 하는 말이었다. 오래 만나지 못해도 어제 본 듯 재잘재잘 수다가 터지는 걸 보면 참 좋은 친구들이다.

순천만 푸른 갈대밭 들머리에 섰을 때다. 국내 최대 갈대

군락지답게 짙푸른 융단이 끝도 없이 펼쳐졌다. '우와!' 하는 탄성이 앞을 다투며 터져 나왔다. 그 순간 "이 넓은 초록 들판에 소를 풀어두면 얼마나 좋아할까." 첫 마음을 말해버렸다. 나는 어쩔 수 없는 시골뜨기였다.

멀리서 갈대가 바람에 움직이는 모습은 초록색 바다를 보는 듯 출렁거렸다. 가까이 다가가면 갈대 사이에 물억새, 쑥부쟁이, 칠면초 군락지가 보인다. 갈대밭 사이 수로를 따라 데크 로드를 걷는다. 초록이 건네주는 짙은 안정감에 사방이 고요하다. 쉴 새 없이 떠들던 친구들도 입을 꾹 닫았다. 바람이 건듯 불자 초록 갈댓잎이 바스락바스락 소리를 내며 춤춘다. 내 몸도 푸릇푸릇이 물들어 갈대처럼 흔들리기 시작했다.

농게를 가까이서 보기는 처음이다. 데크 아래 물 빠진 개펄에 농게가 붉은 집게발을 번쩍 들어 낯선 무리를 경계하며 바쁘게 움직인다. 손을 쑥 내밀어 붉은 집게발에 악수를 청하고 싶은 충동이 일었다. 농게들이 낯선 방문객에 놀라 빠르게 도망친다. 저 멀리 흰 백로와 잿빛 왜가리도 보인다. 갈대숲을 걸으면 신비로운 꿈길에 들어선 듯하다. 순천만 습지는 가만가만 걸어야 한다. 여유를 갖고 천천히 걷는 즐거움이 순천만의 매력이다. 그래야만 개펄이 품고 있는

자연을 자세히 볼 수 있다. 해넘이 썰물 시간을 맞춰서 용산전망대에 올랐다. S자 곡선 물길 위로 붉게 해가 넘어가는 모습이 황홀해서 입이 다물어지지 않았다.

그 후로 몇 번 더 순천만을 찾았다. 문학기행, 가족, 친구들과 찾기도 했다. 그때마다 마치 처음 온 것처럼 순천만의 느낌은 달랐다. 아마도 다른 계절에 찾아와서 그랬을 것이다. 아니면 동행한 이들이 달라서였을지도 모른다. 여행은 어디로 가는가보다 누구와 가느냐가 더 중요하다고 하질 않은가.

어느 가을날, 붉게 물든 하늘과 황금빛이 어우어진 순천만의 모습을 보고 싶었다. 일몰 무렵 용산전망대에 올랐다가 원하던 노을을 보지 못하고 실망하던 차였다. 낮게 깔린 노을을 보다가, 무심코 내려다본 전망대 아래로 붉게 펼쳐진 칠면초 군락에 온 마음을 빼앗겼다. 노을로 온통 물들이던 하늘 대신 붉은 융단을 깔아 놓은 듯한 늪의 풍경에 감탄사가 절로 터져 나왔다. 봄날 푸르던 갈대는 가을옷으로 갈아입고 바스락바스락 소리 내어 이울고 있었다. 가만히 서서 바라보기만 해도 가슴이 트였다. 어디선가 불어오는 바람에 내 몸과 영혼이 말끔히 씻기는 기분이었다.

늘 쫓기듯 분주하게 산다. 쉬지 않고 무언가를 해야 하는 것처럼 마음이 긴장되고 강박관념에 눌려 산다. 마음을 아무리 다잡아 보아도 자꾸만 어딘가로 나를 몰아세우며 쉴 틈을 주지 않고 등을 떠민다. 이런 내 마음을 다잡아 주는 것이 바로 여행이다. 순천만은 내 맘의 쉼터가 되었다.

# 이보다 더 좋을 수 없다

 지난 12월에 베트남 하노이와 하이퐁으로 3박 4일 여행을 다녀왔다.

 하노이공항에 내리면 말이 통하지 않아 입국 심사부터 어떻게 헤쳐 나가야 할지 막막했다. 김해공항에 도착하니 코로나19가 무색하리만큼 여행객으로 붐볐다. 탑승 시간을 기다리는 중 우리 일행은 한곳에 시선을 빼앗겼다. 앳된 베트남 신부와 아이 둘, 남편은 어림잡아 마흔 살은 족히 넘어 보였다. 보따리 몇 개와 큰 박스도 있었다.

 "안 된다." "왜 안 되냐?" 실랑이 중이었다. 공항 직원은 그들 짐이 기내에 실을 수 있는 규격을 초과했다며, 박스 안에 든 물건값보다 높은 운임이 부과될 거라고 안내했다. 남의 일에 관여하지 말까 하다가, 측은한 마음에 방법을 알려줬다. "아저씨, 큰 쇼핑백을 사서 물건을 옮겨 담아 가시면 됩니다." 문제를 해결한 남자가 입가에 미소를 지어 보였다. 우리도 흐뭇한 미소로 답했다. 왠지 여행이 순조로울 것 같은 예감이 들었다.

문우들과 함께하는 것이 맞을까 고민했다. 처음 한두 명 빠지더니 결국 나를 포함해서 세 명이 가게 되었다. 여럿이 가면 그들 무리에 묻어가려는 마음에 따라가려 했다. 우리를 초대한 문우는 나보다 연배가 높기도 하고 본받을 점이 많은 사람이다. 그런 그녀에게 나는 어떤 존재였을까. 그녀를 위해 배려한 적이 있었는지 생각해 본다. 모임에서 가장 겉도는 내가 나서는 듯해서 마음이 살짝 무거웠다.

하노이공항에 문우가 마중을 나왔다. 타국에서 만나니 반가움은 배가 되었다. 무거웠던 마음은 흔적도 없이 날아갔다. 하이퐁으로 향하는 차 안은 망고와 바나나의 산뜻한 향이 가득했다. 비행에 지쳤을 우리를 위한 도시락이었다. 역시 산지에서 먹는 과일은 당도가 높고 맛났다. 그녀가 우리를 반기기 위해 얼마나 애를 썼을지 짐작이 되었다.

우리가 머물 숙소는 레지던스 12층이었다. 가정집과 같은 분위기에 호텔 수준의 서비스가 제공되고, 외국인이나 가족 단위 투숙객을 주 고객으로 삼는 숙박업소라 했다. 예정된 기한보다 완공이 늦어지자 다급해진 그녀가 독촉해 간신히 마감했다고 했다. 그녀 입김이 대단하다는 생각이 들었다. 타국에서 힘들게 살고 있지는 않을까 하는 걱정도 사라졌다. 깔끔하게 정돈된 숙소에는 과일가게를 방불케 하는 열대과일이 우리를 반겼다. 손님맞이에 세심히 신경을 쓴 게 느껴졌다.

타국에서 자유자재로 언어 소통이 가능하다는 것이 얼마나 든든한 일인가. 식당에서도 바가지 쓸 걱정 없이 오감을 짜릿하게 하는 음식을 마음껏 먹을 수 있었다. 저렴한 가격으로 지금껏 경험해 보지 못한 마사지도 받았다. 나무로 된 1인 욕조 통에 몸을 담갔다가 스파, 습식사우나, 전신 경락 순으로 피로를 풀었다.

첫날 저녁, 와인 한 잔에 안주로 맛본 '밋'이라는 과일에 매료되었다. 모양은 두리안과 비슷했다. 오묘한 맛이 났다. 중독적인 맛과 식감에 지금껏 한국에서 먹어온 열대과일을 몇 년 치는 먹은 듯하다. 아침에 시장 난전에서 만두처럼 생긴 것을 몇 접시나 시켜 먹었고, 새벽에 과일로 배를 채웠다는 사실을 잊어버린 듯이 말이다. 우리의 먹성에 그녀는 "무서운 분들입니다. 굶으셨습니까?"라며 배꼽을 잡았다. "혹, 고수 못 드시는 분 있습니까?"라는 말에 우리는 앞다퉈 "저요! 저요!" 대답했다. 그래 놓고는 능청스럽게 고수를 한입 가득 먹어 버리자 "이런 손님은 없었다. 살림 거덜 나겠어요. 못 드시는 게 없군요." 했다. "이보다 더 좋을 수는 없다."며 우리도 장단을 맞췄다. 그녀가 짜놓은 일정에 편안히 즐길 수 있었다. 한기둥 사원, 바딘광장, 호안끼엠 호수와 하롱베이, 바방사원, 옌뜨국립공원을 차례로 방문했다.

우리는 20여 년 전 문학으로 만난 인연이다. 지금까지 연이 닿아 있는 걸 보니 이렇게 궁합이 잘 맞았을까 싶다. 여행을 함께하면 그 사람을 잘 알 수 있다고 한다. 3박을 함께하면 얼굴 붉히는 일이 생기고, 7박을 함께하면 밑천이 들통나서 데면데면한 사이가 된다는 말도 있다. 그러나 우리에게는 얼토당토않은 말이다. 모두가 너무 배려가 넘쳐서 문제였다. 3일을 함께 지새우며 각자 살아온 흔적을 나누었다. 서로 몰랐던 부분도 알아갔다. 나이 지긋한 그녀들에게 지혜를 배웠다. 지금 나는 쉰 중반을 살아가고 있다. 절반쯤 살아온 내 인생 여행길에 그녀들이 동행해 주고 있어 얼마나 다행인가. 이번 베트남 여행을 함께할 수 있어 흐뭇하다. 이제는 겉도는 내가 아니어서 더 가슴 벅차다.

코로나19 팬데믹은 여전히 우리 삶을 위협하고 있다. 느닷없이 찾아든 감염병으로 많은 것을 포기해야 했지만, 점차 완화되고 있는 시기임은 틀림없다. 살짝 망설이다 떠난 여행은 더없이 만족스러웠다. 다시금 그녀들과 '이런 여행은 없었다. 이런 손님은 없었다.'를 외치는 여행을 기대한다.

## 셋

구급상자 · 친구 경아 · 도라지꽃이 피면 · 안아줘요 · 담쟁이와 담장 · 중심 잡기 · 장독대가 위태롭다 · 애인을 놓치다 · 안갖춘꽃 · 봉투 두 개

# 구급상자

 친구들과 이색적인 송년회를 가졌다. 식사하는 것으로 끝내지 않고 서로에게 선물을 하자는 의견이 나왔다. 단, 선물의 조건은 '집에 있는 걸 가져오되, 버리기 아까워서 쟁여둔 걸 가져오자'였다. '아나바다'를 하자는 취지였다. 참 좋은 생각이라며 모두가 찬성했다. 선물 증정 방법도 특별했다. 노래방에서 노래를 불러서 가장 높은 점수를 받은 사람 순서대로 선물을 고르자고 정했다. 우리만의 독특한 선물 증정식을 기대하며 눈빛들이 반짝거렸다.

 앙증맞은 쇼핑백에 화장품을 포장한 친구, 손수건을 예쁘게 포장해 온 친구, 견과류와 핸드크림을 들고 온 친구

등등 다양했다. 선물들은 어느 정도 예상된 것들이다.

한 친구가 차례가 되어 선물을 골랐다. 직사각형에 작고 가벼웠다. 그걸 고른 친구가 포장지를 뜯지 않고 선물 주인에게 물었다. "이거 책이지? 딱 보니 책이네." 친구 얼굴은 실망한 기색이 역력했다. 사실 나도 책을 가져오려고 했었다. 순간 책을 가져오지 않은 것에 안도했다. 우리는 친구에게 선물 포장을 열어보라고 재촉했다. 모든 시선이 집중되었다. 잠시 후 그것의 실체가 드러났다. 책이라고 짐작하던 직사각형 선물은 작은 시집 크기의 달콤한 초콜릿이었다.

유년 시절에는 선물을 받아 보지 못했다. 그래선지 지금도 선물을 주고받는 일이 어색하다. 사랑을 받아 본 사람이 주기도 잘하듯 선물도 그런 것 같다.

우리 집에는 학용품이 항상 부족했다. 초등학교 3학년 미술 시간이었다. 꽃밭을 그리는데 노란색 크레파스가 없었다. 언니가 다 써버렸는지, 아니면 동생이 몽당 크레파스라 버렸는지 아무리 찾아도 보이지 않았다. 크레파스 상자 안에는 온전한 것이 없었다. 내가 가진 크레파스는 그림 그리는 용도가 아니었다. 선생님이 준비물 검사를 하니 꾸지람을 듣지 않으려고 들고 다니는 구급상자와 같았다. 친구에게 빌리는 것도 구차하고 미안했다. 그 나이 친구들은 대부분 노란 튤립, 개나리, 노란 은행잎을 그리기를 좋아했다. 손가락에 잔뜩 힘을 주어 꼭 노란색 튤립 꽃밭을 그리고 싶었다. 언제나 미술 시간은 내 의도와 다른 그림이 완성되었다. 그날도 결국 분홍색과 빨간색 튤립을 그려 넣었다. 내가 원하는 크레파스 색을 칠할 수 없다는 걸 알았을 때, 이미 떼쓰기를 포기해야 한다는 것을 아는 나이가 되어 있었다.

  종이학 천 마리를 접으면 소원이 이루어진다는 말을 언니는 믿었던 모양이다. 간절히 기도하며 색색의 종이학을 접었으나 언니는 진학의 꿈을 펼쳐보지도 못하고 날개를 접어야 했다. 언니가 직장인이 되고 나서 집안 형편이 조금씩 나아졌다. 우리도 더 이상 학용품 때문에 서러움을 받지 않았다. 명절 때마다 언니가 큰 가방에 스케치북, 크레파스, 연필, 색연필, 공책을 한 아름 안고 집으로 왔다. 모든 것이 달콤하기만 했다. 바라고 바라던 선물을 받아 들고 얼마나 행복했는지 모른다. 그 당시 내게는 학용품 선물이 최고였다. 더 이상 친구들에게 빌리지 않아서 좋았고 그리고 싶은 그림을 실컷 그릴 수 있어 좋았다. 놀라운 사실은 언니가 보내준 학용품으로 그린 그림이 교실과 복도 게시판

에 걸리기 시작했다는 거였다. 마냥 좋기만 했는데 그때는 정말 몰랐다. 언니가 거친 세상에서 느꼈을 절망과 좌절을 말이다. 언니가 접어야 했던 꿈으로 동생들이 누린 행복이었음을 알았다.

여러 학용품들 사이에 땅콩 캐러멜 사탕도 들어 있었다. 얼마나 달콤했는지, 센스쟁이 언니다. 군것질거리가 부족한 동생들이 쟁여두고 먹으라는 의미였다. 아직도 잊히지 않는 맛이다. 지금도 해마다 명절이면 언니가 안고 온 학용품의 기억이 구급상자처럼 든든하다. 삶이 지칠 때면 마음속에서 한 번씩 꺼내어 힘을 받는다.

한때 월급을 받으면 서점으로 달려갔다. 나에게 주는 선물로 한 달에 한 권씩 책을 사서 책에 일련번호를 붙였다. 그렇게 한 권 두 권이 모여서 책장을 가득 채웠다. 요즘도 친정에 가면 번호가 붙은 책들을 종종 본다. 어쩌면 그런 날들 있어서 오늘을 사는 힘이 되었는지 모른다.

친구가 뽑은 그 선물이 진짜 책이었다면 어땠을까.

# 친구 경아

 책장을 정리하다 숫자 '39'가 붙은 책을 발견했다. 책 제목이 '에리히 프롬'의 《사랑의 기술》이다. 푸릇한 그 시절, 친구 경아와 함께했던 추억은 파도가 되어 밀려온다.

 우리는 뭐든 마음이 잘 맞았다. 가만 생각해 보니 한 번도 싸우거나 시샘한 적이 없었다. 또래 아이들이 상급학교로 진학할 때 우린 일찍감치 직장인이 되었다. 어쩜 처지가 같아서 마음이 더 잘 통했던 것 같다. 학교에 가지 못한 서러움을 달랠 방법을 찾아야 했다. 궁리 끝에 결론을 내렸다. 상급학교에 진학하지 못한 대신 인문학적 소양을 쌓자는 것이었다. 매달 월급 받으면 곧장 서점으로 달려가 책

한 권씩 샀다. 서점에서 책을 고르던 시간은 무한한 행복이었다. 그리고는 책 외피 맨 아래쪽에다 일련번호를 붙였다. 책을 사서 서로 바꿔가며 읽었다. 내용이 좀 어려워도 괜찮았다. 그냥 읽고 느낌을 나눴다. 지금 생각해 보면 그것은 독서 토론이었다.

어떤 일이 있어도 이것만은 실천하며 살자고 약속했다. 경아와 서점에 가는 날이 늘수록 책 외피에 숫자가 올라가고 우정은 더 깊어졌다. 철야 근무를 한 후에도 우린 잠을 자지 않고 인문학 강연을 들으러 다녔다. 푸른 시절 힘겨움을 이겨내면서 보다 나은 미래를 꿈꾸며 시간을 투자했다.

직장에서도 경아와 늘 함께했다. 업무 시간도 휴식 시간도, 온종일 서로의 곁을 맴돌았다. 자취도 경아 집과 200미터 근처에서 했다.

계곡으로 처음 물놀이 간 날, 무릎 살짝 넘는 얕은 물에 경아가 넘어졌다. 발버둥 치는 모습이 웃겼다. 나는 장난인 줄 알고 그냥 보기만 했었는데, 갈수록 허우적거림이 이상했다. 아뿔싸! 생존 수영조차 못하는 맥주병인 줄 몰랐었다. 경아를 일으켜 세웠을 때, 공포에 질린 목소리로 죽을 뻔했다는 말에 울다 웃다 한 아찔한 추억도 있다.

회사 다닐 때 기숙사 생활을 잠시 했다. 기숙사는 맘 편히 쉴 공간은 아니었다. 숙지해야 할 규칙이 많았고, 여럿이 한 공간을 써야 해서 불편했다. 밥 먹는 시간은 물론이고 외출이 가능한 날짜와 시간이 정해져 있었다. 답답한 기숙사에서 벗어나고 싶을 때가 많았다. 그런 마음을 읽었는지 경아가 자기 집에 가자는 말을 자주 했다. 그 순간의 짜릿했던 해방감을 잊지 못한다.

회사 기숙사에서 생활하는 동안 밥그릇은 네모난 스테인리스 식판이었다. 긴 줄을 서서 식당 아주머니들이 배식해주는 밥을 받아먹을 때면 위로가 되는 밥상이 떠올랐다. 김이 모락모락 나는 밥상을 앞에 두고 온 가족이 둘러앉아 오순도순 밥 먹는 풍경이었다.

경아 부모님도 불편한 기색 없이 따뜻하게 맞아주셨다. "하루 종일 일하느라 고생했지?" 하시면서 밥을 차려주셨다.

경아 집에 가면 한식구처럼 밥상에 둘러앉아 밥을 먹었다. 밥을 같이 먹는 것은 나를 딸처럼 받아들인 거와 다름없었다. 친구 집에 가는 것이 좋아서 기숙사를 나설 때에는 염치를 사물함에 넣고 자물쇠를 꽉 채워 두었다.

예순을 바라보는 지금까지도 우리는 뿌리 깊은 소나무 같은 노거수다. 서로 바쁜 일상으로 일 년에 딱 한 번 목소리를 들을 때도 있다. 하지만 어제 만나고 헤어진 것처럼 전혀 어색하지 않다. 수십 년 전 그때와 똑같다.

오랜만에 경아에게 전화를 걸었다. 집에 초대되어 따뜻한 밥을 먹고 식구가 되었던 그때 이야기를 꺼냈다. 경아는 겨우 밥 몇 번 먹은 거라며 그 일을 가볍게 기억했다. 경아에게는 가벼운 식사였을지 몰라도 내게는 너무나 크고 소중한 끼니였다. 그때 나는 어리고 철이 없었다.

경아 아버지는 위암으로 세상을 떠나셨다. 내가 좀 더 일찍 철이 들었더라면 살아계실 때 한 번 더 찾아뵈었을 텐데 그러지 못했다. 힘들던 그 시절, 경아를 만나 외롭지 않았고 경아 가족을 만나 많은 위로를 받았다.

누군가에게 나는 어떤 친구일까. 사람마다 친구라는 단어의 깊이와 의미는 분명 다르다. 친구란 아무런 계산 없이 되돌아오는 메아리처럼, '친구야!' 하고 부르면 다시 '친구야!' 하고 메아리쳐 오는 사이가 아닐까.

## 도라지꽃이 피면

시골집 장독가에 도라지꽃이 피었다. 팽팽하게 부풀어 있던 꽃봉오리가 어젯밤에 활짝 열렸나 보다. 바람이 살랑 불자 보랏빛과 하얀 꽃들이 일제히 흔들렸다. 옛 생각에 젖어 하얀 꽃봉오리 하나를 터트려 보았다. 여전히 '뽕' 하는 소리가 났다.

도라지는 기름진 땅이 아니어도 잘 자랐다. 오래전 우리 집에서는 도라지 농사에 큰 관심을 두지 않았다. 가뭄에도 생명력이 강한 식물이어서 콩밭 위 척박한 묵정밭에 대충 씨앗을 뿌렸다. 그야말로 내버려 둬도 되는 만큼만 수확했다. 하지만 장독대 옆에 도라지밭이 생겼다는 것은 엄마가

노쇠해졌다는 반증이기도 하다. 언제부터인가 엄마는 들판에서 짓던 농작물들을 집안 곳곳에 옮겨와 심기 시작하셨다. 이제는 담 너머 열린 늙은 호박 한 덩이도 감당을 못 해 이리저리 굴리며 씨름하신다. 덧없이 흘러가는 세월이 야속하기만 하다.

유년 시절, 엄마를 따라 콩밭을 매러 가야 했다. 싫다는 말은 못했다. 엄마를 도와야 했기 때문이다. 콩밭 매는 일은 그리 쉽지 않았다. 밭은 왜 그리 넓고 고랑은 긴지 하루 해가 지루했다. 엄마와 한 고랑씩 맡아서 시작하면 엄마는 어느새 보이지 않았다. 겁이 나서 "엄마" 하고 부르면 "어여 따라오니라" 하면서 한 번씩 일어나 주곤 하셨다. 한여름 가마솥 같은 더위에 콩밭에 쪼그려 앉아 김매기를 한다는 것은 지옥 같아 싫었다. 땀도 땀이지만 햇볕이 너무 뜨거워 피부가 타는 듯했다. 콩밭 옆에는 작은 도랑이 있었다. 항상 그곳에서 잠깐씩 쉬었다. 엄마는 물도 마시고 도랑에서 세수도 하셨다. 나는 돌멩이를 들춰서 가재를 잡았다. 그러다가 다시 콩밭으로 김매러 들어가자고 하면 "엄마, 내 숙제해야 하는데 숙제!" 하고 반항하듯 말해 봤다. 하지만 엄마는 들은 척도 안 하셨다. '그래 이제 한나절 했으니 너는 집에 가서 공부해라.' 이 답을 한 번도 듣지 못했다.

 진짜 일하기 싫은 날은 엄마 몰래 도라지밭으로 갔다. 꽃으로 가득한 그곳은 신비로움 그 자체였다. 별 모양 오각형 봉긋한 꽃봉오리가 부풀어 오른 풍선 꽃 같았다. 엄지와 검지, 손으로 꽃봉오리를 누르면 공기가 빠져나가면서 '뽕' 소리를 내며 터졌다. 내 귀에 '뽕, 뽕, 뽕' 소리가 상쾌하게 들려오면 속상한 마음이 조금씩 사라졌다. 좋아하는 보라색 꽃봉오리는 놔두고 하얀색 봉오리만 찾아 터트렸다. '뽕' 소리에 중독이 되어 마구마구 터트렸다.

 도라지는 약용 식물로 뿌리를 약재로 쓴다. 특히 목감기와 기침에 좋다 하여 차로도 많이 끓여 먹는다. 강력한 항염증과 항암 효과가 있다고 널리 알려져 있다. 나는 생도라지를 고추장에 무쳐 먹는 것을 좋아한다. 도라지의 쓴맛을 빼내고 고춧가루, 고추장, 식초, 설탕, 소금, 다진 마늘을 넣고 무쳐 먹으면 밥 한 공기 뚝딱이다. 그뿐인가, 집안에 대소사가 있을 때도 도라지나물은 빠지지 않는다.

 꽃의 자태는 얼마나 고상하고 매력적인가. 보라색을 좋아하는 이유다. 보라색이 자칫 촌스럽고 위험한 색이라는 말을 듣곤 한다. 또 보라색을 좋아하는 사람의 정신세계가 특이하다는 편견도 있지만 개의치 않는다. 도라지 꽃말처럼 영원한 사랑과 소망을 꿈꾼다.

 콩밭에선 들은 기척도 않던 엄마가 마침내 답을 주셨다. 내가 첫 월급을 받던 날이었다. "실은 나도 그 밭에 혼자 있을라 카이 무서벗다."라고. 엄마가 눈가에 이슬을 담고 늦은 답을 주셨다. 깊은 산골짝 콩밭에서 어린 내가 엄마한테 의지가 되었다는 걸 그제야 알았다. 그때 바로 답을 해주셨다면 내가 하얀 꽃봉오리를 덜 터트렸을까. 엄마의 고단한 삶도 조금 더 이해할 수 있었을까.

 한 시절, 마음 한구석에 자리 잡은 모난 부분의 표출로 하얀색 꽃봉오리만 터트린 것 같다. 이제는 편견 없이 바라보는 하양과 보랏빛이 조화롭다. 지금 시골집 장독대는 도라지꽃으로 환하다

## 안아줘요

 반가운 이를 만나면 악수를 청한다. 가끔은 실례가 되지 않은 선에서 살짝 안아도 본다. 서로 온기를 나누는 행위다. 손과 손을 맞잡고 체온을 나누는 순간 그와 내가 가까워짐을 느낀다. 하지만 코로나19가 온 세상에 만연한 뒤론 타인과 접촉이 조심스럽다. 가벼운 스킨십은 관계에서 친밀함을 표현하고, 흔히 말하는 도파민을 폭발시킨다. 때로는 등을 다독여 주며 꼭 안아주고 싶을 때도 있지만 꾹 참아야만 한다.

 울지 마라 외로우니까 사람이다

살아간다는 것은 외로움을 견디는 일이다.

 정호승 시인의 시처럼 외롭지 않은 사람이 어디 있을까. 아흔을 눈앞에 두고 시골에 혼자 산다는 것은 칠흑 밤길을 홀로 걷는 것처럼 무섭고 차가운 외로움이리라.

 엄마가 병원에 입원했을 때다. 일주일 동안 병실을 지켰다. 팔순 넘은 엄마를 모시고 온갖 검사를 받기 위해 층층을 오르내렸고, 시간마다 복용해야 할 약을 챙겼다. 응급상황일 때는 간호실로 뛰어다니곤 했다. 그런데도 엄마는 그런 내가 못마땅한 모양이었다. 뚝뚝한 표정으로 "니가 손을 잡아주길 했나, 조잘조잘 이야기를 했나, 목욕을 시켜줘 봤나. 니가 뭘 했노?" 불평하셨다. "엄마는 살려 놓으니까 내한테 왜 캐?" 하고 웃고 말았지만 어안이 벙벙했다. 일주일간 부지런히 움직인 나는 허수아비 신세가 되었다. 한번씩 병문안 와서 몸을 씻기고 팔다리를 주물러 준 자식들이 더 고마웠던 거다. 이상한 일이다. 가만 생각해 보니 엄마에게는 평소에도 살갑지 않았던 것 같았다.

 엄마를 보러 시골에 갈 때면 밥 한 끼를 먹고 바로 일어날 때가 많았다. 엄마가 말하고 싶어서 누구네 자식은 이러쿵저러쿵하시면 그런 하소연을 못하게 했다. 이런 나를 보

누군가의 손을 잡고 체온을 느낀다는 건 애정이 있어서다.
상대가 엄마이기에 온기를 나눈다는 건,
가슴에 똬리를 튼 지독한 외로움을 녹이는 순간이기도 하다.

며 딸한테 이런 말도 못하면 무슨 말을 하고 사느냐며 얄궂다고 한다. 말문을 막는 내게 너스레를 떠신다. "너 엄마는 이리 산다. 어제 했던 말 오늘 하고, 오늘 했던 말 내일 하고, 내일 할 말도 앞당겨서 오늘 한다." 하시곤 했다. 너도 나 같을 때가 있을 거란 걸 꼬집으셨던 게다.

언니는 나와 다르다. 살갑게 엄마를 대한다. 큰소리로 '엄마, 잘 지내셨어요? 울 엄마 한번 안아 봅시다.' 하고 덥석 안아드린다. 헤어질 때도 꼬옥 안아드린다. 환갑 진갑 다 지나도록 엄마라고 부르게 해줘 고맙고, 엄마를 본 값이라며 손에 만 원을 쥐어드린다. 그러면 엄마는 잇몸을 활짝 드러내며 아이처럼 좋아하신다. 안아주는 것에서 느껴지는 위로일까. 자주 손도 잡아드리지 않는 나와는 비교가 되는지 언니를 만나면 엄마 눈빛이 다정하다. 자식을 여럿 뒀으니 얼마나 다행인가.

아흔 살이 가까운 엄마는 혼자 시골집에 계신다. 아픈 허리를 수술도 못하고 마약 같은 진통제 주사를 일주일에 한 번씩 맞는다. 그 시간이 벌써 9년째 이어지고 있다. 그 나이에 안 아픈 게 이상한데도 전신이 아프다며 한탄이다. 하루하루 거동은 힘들고 홀로 긴 시간을 보내다 보면 얼마나 막막할지 상상이 된다.

지난가을, 엄마의 앞니 하나가 깨졌다. 배탈이 나서 밤중에 화장실을 다녀오다가 실신을 했다. 옆구리가 축축해 눈을 떠 보니 화장실 바닥에 몇 시간을 쓰러져 있었다고 한다. 얼마나 무섭고 외로웠을까. '죽기는 섧지 않은데 늙으면 섧다'는 말을 아흔 살을 앞둔 엄마를 보며 실감하는 요즘이다.

지금의 엄마 모습에 감사한다. 병원에 입원하지 않고 혼자 지내는 것이 대단하다. 모처럼 집 청소를 하려면 청소할 것은 없으니 마주 앉아 이야기하잔다. 다리를 쭉 펴놓고 다리에 살점 없다는 말은 엄마 다리를 만져 보라는 말이며, 손등에 핀 검버섯을 보여 주는 것은 손 한번 잡아 달라는 거다. 이제는 엄마가 의도하는 대로 따르기로 한다. 엄마와 하룻밤을 자고 나면 밤새 들은 이야기로, 우스갯소리로 귀에 피가 날 지경이다. 온 동네 이야기를 들어야 해서 귀가 아프다. 그래도 그냥 듣는다. 한 번씩은 속엣말을 꺼내 놓아야 살아가는 힘이 되고 외로움을 날리는 방법이니까.

언니처럼 엄마를 볼 때마다 안아드리려고 마음은 먹었으나, 몸에 밴 습관이 무섭다. 하루는 엄마 집에서 마을회관까지 나왔다가 돌아가서 안아드리고 나온 적도 있다. 뭘 빼놓고 갔냐는 엄마 물음에 귀한 거 빼놓고 가서 돌아왔다면

서 부둥켜안고 얼마나 웃었는지 모른다. 차츰 살가운 딸이 되어 간다.

　누군가의 손을 잡고 체온을 느낀다는 건 애정이 있어서다. 손을 잡는 그 순간만큼은 둘은 하나가 되어 위안을 얻는다. 상대가 엄마이기에 온기를 나눈다는 건, 가슴에 똬리를 튼 지독한 외로움을 녹이는 순간이기도 하다.

## 담쟁이와 담장

 담쟁이넝쿨이 우거진 주택가 담장 아래서 한참을 서성거렸다. 작년 이맘때는 그 집 담장에 마음을 빼앗겨 카메라를 들이대고 사진을 몇 장이나 찍었던, 가슴 설레며 행복했던 장소이다. 하지만 오늘은 그렇지 않다. 담장에 억척스럽게 들러붙은 담쟁이가 나를 심란하게 했다.

 아침나절에 어머님 전화를 받고, 목소리가 심상치 않음을 감지했다. 어머님과 삼십여 분 통화를 하고 나니 몸의 기운이 다 빠져나간 듯 아무것도 할 수가 없었다. 해결 방법은 하나 없고 단지 넋두리만 가득한 말이다. 드라마 재방송을 보는 듯 매번 되풀이되는 일이다.

 명절이 가까워지면 차례와 제사로 신경이 쓰이기 마련이

다. 우리 집도 예외는 아니다. 어머님은 내게 어떻게 하면 좋겠냐고 묻는다. 집안 어른인 어머니가 결정 내리면 되지 않은가. 내가 뭘 어떻게 정할 수 있다는 말인가. 정답도 없고 책임만 따르는 일에 나서고 싶지 않은데 자꾸만 맏며느리인 나를 몰아세운다.

맏며느리인 내가 집안일을 속속들이 내리꿰고 있어야 한다고 어머님은 생각하신다. 갖은 하소연의 통화는 마음을 심란케 한다. 그러나 당신 아들은 신경이 예민하니 절대 말하지 말라고 신신당부하신다. 이 무슨 모순인가. 그 모진 하소연을 들어주면서 장단을 맞췄던 지난날을 되새겨봤다. '그때는 내가 하도 속이 상해서 모질게 말했는데 네가 그리 맞장구칠 줄 몰랐다'며 벙벙하게 만드실 게 분명했다. 맞장구치지 않고 소신껏 말씀을 드리면 어떤 상황이 벌어질지 내내 갑갑했다.

올해도 봄기운을 받은 담쟁이들은 연초록 새순을 내밀며 담장을 얼기설기 오르고 있다. 마치 어부가 구멍 난 그물을 꿰매듯 슬금슬금 엮어 나간다. 여느 때라면 담쟁이의 단단한 생명력에 감동했을 텐데 오늘은 도리어 마음이 답답해왔다. 내가 저 담장이라도 된 것처럼 온몸에 딱 들러붙어 갑갑증이 느껴졌다. 담쟁이는 왜 저 홀로 서지 못하고 저렇

다시금 단단한 담장이 되어야 한다.
담쟁이의 하소연을 묵묵히 들어주고 불평에 마음을 다치기도 하면서
우리는 끈질긴 생명력으로 굳건히 나아간다.
그러다 보면 가끔 기분이 좋은 날도 올 것이다.

게나 남의 몸을 의지해서 살아야 하는지 말이다. 나를 닮은 듯한 담장에 자유를 주고 싶다. 담쟁이 스스로 햇볕과 비바람을 맞으며 살아보라고 부탁하고도 싶다. 지금, 이 순간 내 몸에 붙어서 나를 답답하게 조이는 것들을 모조리 다 걷어내고 어디론가 훌훌 다니고 싶다.

한때는 담장과 담쟁이를 두고 천생연분이라고 생각했다. 봄이면 담쟁이가 담장에 새순을 내밀어 희망처럼 봄소식을 알린다. 여름에는 푸른 잎사귀로 뜨거운 햇볕을 막아주고, 가을에는 색색의 단풍잎이 바스락거리며 노래를 들려준다. 또 겨울이면 서로를 꼭 감싸 안은 채 추위를 견디며 새봄을 기다린다. 그렇게 둘이 한마음으로 사계절을 공유한다고 생각했다. 한때는 담장과 담쟁이를 두고 둘 사이를 몹시 부러워했다. 내 기분이 좋은 날은 분명 그랬다.

다시금 단단한 담장이 되어야 한다. 담쟁이의 하소연을 묵묵히 들어주고 불평에 마음을 다치기도 하면서 우리는 끈질긴 생명력으로 굳건히 나아간다. 그러다 보면 가끔 기분이 좋은 날도 올 것이다. 그럴 때면 누군가 우리를 향해 웃음 지으며 사진기를 들이대겠지. 찰칵! 어쩌다 우리의 행복한 순간이 찍히기도 할 것이다. 또 어느 날에는 내가 담쟁이가 되기도 하면서.

## 중심 잡기

오월의 싱그러움을 코사지처럼 가슴에 달고 어여쁜 학생 둘이 버스에 오른다. 햇살 말갛게 쏟아지는 아침, 까치 두 마리가 버스 안으로 날아들기라도 한 것처럼 모든 시선이 향했다. 교복을 입은 그 자체만으로도 빛나고 예뻤다. 그러나 아무도 앞으로 일어날 일을 상상하지 못했다.

버스에 올라탄 그들은 주위 사람들 시선 따위는 아랑곳하지 않고 큰 소리로 떠들며 눈살을 찌푸리게 했다. 더군다나 그들의 대화 내용은 내 귀를 의심케 했다.

마침 좌석 두 개가 나란히 비어 있었다. 좌석 안쪽에 앉은 여학생이 매우 당돌하게 말을 내뱉었다.

"야, 있잖아. 우리 엄마랑 버스 타면 자리가 요렇게 두 개가 있잖아. 그럼 나를 꼭 안쪽에다 앉힌다."

"왜?"

"아니, 바깥쪽에 앉으면 자리를 양보해야 할 수도 있잖아. 나더러 양보하지 말라고 꼭 안쪽에 앉힌다니까. 그러니 오늘도 내가 안쪽에 앉을게."

"어머, 너는 좋겠다. 완전 부러워. 완전!"

"우리 엄마는 그래. 나 힘들다고 늘 그래."

둘이서 주고받는 말이 요즘 아이들이 흔히 쓰는 말로 내게는 대박 사건이었다. 무엇이 잘못되었는가. 내 생각이 잘못된 것인가. 그 아이의 엄마인가. 아니면 그 아이인가. 딸아이가 위험해서가 아니라 자리를 양보하지 못하게 안쪽에 앉히는 이기심이라니!

물질문명과 기술이 급속도로 변화 발전하면서 불거지는 문제 중 하나가 바로 세대 차이다. 아날로그 시대에도 세대 차이는 있었지만 디지털 시대에는 그 차이가 너무나 커서 이해 불가일 정도다. 오늘 아침 일만 해도 그렇다. 그 아이 엄마가 가진 생각이 그릇되고 내 생각이 옳다는 건 아니다. 지극히 주관적인 시선이지만 나와 생각이 달라도 너무나 달라서 화들짝 놀랄 수밖에 없었다. 뒤통수를 꽝 한 대 맞은 느낌이었다. 사람들의 생활양식과 가치관이 다른 것은 당연한 일이다. 하지만 이렇게도 다를 수가 있을까. 틀리고 맞고의 차이가 아니다.

그 아이의 말을 이렇게 바꿔본다.

'우리 엄마는 버스에 오르면 항상 조심하라고 하셔. 버스 안에서 성추행 같은 일을 당할까 봐 되도록 안쪽에 앉으라고 하시지. 내가 위험할까 봐 안쪽에 앉히는 거야. 나는 소중하니까!'

그러면서도 씁쓸하다. 왠지 이 말을 해줘야 마음을 내려놓을 것 같아 그들을 자꾸만 쳐다보았다.

오래전에 이런 영상을 접한 적이 있다.

늦은 시각 만원 버스에 한 학생이 자리를 잡고 잠들어 있었다. 그 바로 옆에 나이가 들어 보이는 노인이 서 있었으나 학생은 모른 척 눈을 감고 있었다. 언뜻 개인주의로 똘똘 뭉친 젊은 세대를 보여주는 그림이었다. 주위 사람들은 학생을 향해 못마땅한 시선을 보냈지만 학생은 아랑곳하지 않고 자리를 지켰다. 잠시 후 영상이 전환되면서 점점 나타나는 진실은 이랬다. 그 학생은 학비를 마련하기 위해 온종일 안간힘을 다해 아르바이트하느라 지칠 대로 지친 몸이었다. 그는 만원 버스에 올라 간신히 빈자리를 잡고 쉬는 중이었다. 겉으로 보이는 게 전부가 아니다. 가끔은 이런 오해도 하면서 사는 게 또한 기성세대가 아닐까. 나도 어느덧 기성세대 대열에 끼었다. 왠지 나보다 아직은 우리라는 공동체를 먼저 생각하는 권위적인 사람으로 변화된 느낌이 든다. 누군가에게는 나도 요즘 젊은 세대인데 말이다.

오늘 아침 내가 본 버스 안 풍경은 낯설기만 하다. 요즘 젊은이들은 기성세대보다 개인주의적 성향이 강하고 자기주장이 지나치게 뚜렷해서 무서울 정도다. 그들을 붙잡고 훈계할 수도 그렇다고 그냥 지나치기도 뭣해서 혼자 고민을 한다. 마치 평균대 위에서 중심을 잡으려 애를 쓰는 사람처럼 비틀거리는 나를 본다. 어떻게 서는 것이 바로 서는 것일까. 세대 차이라는 거리를 둔 그들과 서로를 배려하는 가운데 함께 답을 찾고 싶은 날이다.

## 장독대가 위태롭다

'남이 장에 간다니 거름통 지고 따라나선다'는 옛말이 있다.

며칠 전 된장이 떨어져 시골에 갔다. 우리 식구는 사계절 된장을 많이 먹는다. 특히 추운 겨울에는 된장찌개와 시래깃국이 하루 건너 식탁에 오른다. 엄마 된장 한두 술이면 그 어떤 조미료도 필요가 없다. 식구들은 나를 보고 엄마에게 장 담그는 법을 배우라고 꾸준히 채근한다. 그들도 나만큼이나 엄마의 장맛에 푹 빠져버렸다. 왠지 모를 뿌듯함이 온통 내 마음을 채운다. 엄마가 편찮으신 후론 된장 맛이 예전 같진 않아도 여전히 친정집 된장만 한 게 없다.

엄마는 뜬금없이 장독대 아닌 김치냉장고에서 된장을 덜어가라고 하신다. 김치냉장고를 열어 된장을 확인하고 흠칫했다. 평소에 보던 된장 색깔이 아니었다. 한눈에 봐도 숙성이 덜 된 상태다. 된장이 왜 이러냐고 물으니, 남들 따라 옮겨봤다고 하신다. 누가 된장을 삼삼하게 만들어 김치냉장고에 넣어두고 먹으면 훨씬 맛나다고 했단다. 엄마 된장이 최고인데, 뭘 그런 걸 따라하는지 모르겠다.

"그 집 김치냉장고에는 숙성 기능이 있지만, 우리 냉장고는 그런 기능이 없어 안 돼요." 하니, "안 그래도 된장 맛이 이상하다 했다. 내가 죽을 때가 돼서 된장 맛이 그런가 했다." 하신다.

장맛이 변하면 집에 우환이 생긴다는 옛말을 엄마는 여전히 믿고 있다. 사람 일은 뜻대로 되지 않는다며 만사 조심하면서 주변 환경에 민감하셨다. 혹여 간절히 바라는 일이 생기면 정화수 한 사발 장독대에 올려놓고 치성을 드렸다. 그렇듯 지극한 마음으로 장을 담그고 장맛을 지키려 애를 써왔다.

문득 생각나는 이야기 하나를 엄마에게 들려드렸다.

어느 집에 새로 들어온 며느리가 "어머님 된장은 짜서 못 먹겠어요." 했단다. 그 집 시어머니는 이듬해 된장을 아주

싱겁게 담았다. 그러자 바로 된장에 문제가 생겼다. 된장 항아리에 벌레가 들끓었고 결국엔 구덩이를 파서 그 많은 걸 버려야 했다. 며느리 말 한마디에 집안 대대로 내려오는 장맛이 무너졌다. 오랜 세월 굳건히 지켜온 가치관이 통째로 흔들리고 말았다.

오랜 시간과 정성으로 서서히 맛이 들어가는 장을 굳이 젊은 사람들 입맛에 맞출 것만은 아니다. 장이 언제부터 패스트푸드가 되었단 말인가.

"엄마, 된장 다시 장독으로 옮겨요. 제발 남 따라 장에 가지 마요."

장독대는 부엌과 함께 엄마를 상징하는 공간이다. 엄마는 마당가에 장독대를 만들고 된장과 간장을 항아리에 담아 보관하였다. 햇살 좋은 날은 장독 뚜껑을 열어 햇볕을 들였다. 발효와 살균이 되는 시간이다. 시시때때로 장독에 묻은 먼지를 물 묻은 행주로 닦았다. 잘 닦은 장독은 반질반질 윤이 났다.

봄이면 붉은 영산홍이, 여름이면 도라지꽃이 장독대를 감싸 핀다. 가을이면 누런 호박이 장독대 옆에 떡하니 자리 잡고, 겨울에는 흰 눈이 소복이 내려앉아 장독대를 따뜻하게 덮는다. 한 폭의 정겨운 풍경을 배경으로 사계절 햇볕과 바람, 비와 눈이 항아리를 어루만져 장을 익힌다. 세상이 빠르게 변하고 사람살이가 변해가도 엄마의 장독대는 아직 그대로다. 해가 거듭될수록 장독대 항아리가 하나씩 비어가는 게 안타깝기만 하다. 엄마의 손맛 배인 된장을 언제까지나 집에 쟁여두고 먹고 싶다. 언제쯤 나도 장독대를 닦으며 엄마가 느꼈을 묵은 장맛의 흐뭇함을 알 수 있을까.

## 애인을 놓치다

9층 병실에서 창밖을 내려다본다. "한 송이 한 송이 피다가 인제는 한꺼번에 다 피네!" 차량 불빛이 꽃처럼 핀다는 그녀다. 퇴근길에 몰려드는 차량의 불빛을 보고 어제와 같은 말을 되새김질한다.

얼마 전에 허리를 크게 다쳤던 그녀다. 이 병원 저 병원 쫓아다니다 비수술로 치료가 가능하다는 입소문을 듣고 입원했다. 오늘은 살던 곳이 그리운지 창밖으로 보이는 풍경을 쓸쓸하게 내려다본다. 어느 때는 서러움에 눈물을 훔치기도 한다. 병실 사람들과 어울리기 어려운지 표정은 집에서 키우던 누렁이처럼 멀뚱멀뚱하다. 딱 부러지던 그 좋은 성격은 어디 갔는지.

 사건의 시작은 겨울날 아침 산책길에 보행차 애인 때문이다. 그녀가 내리막길에서 두 손으로 꽉 잡은 애인 손을 놓쳐버렸다 한다. 무리하게 다시 잡으려 허둥대다가 한겨울 언 땅에 엎어지고 말았단다. 매정하고 뚝뚝한 애인은 빠른 걸음으로 달아나 버렸다고 한다. 그녀는 언 땅에 엎어진 채로 사십여 분이나 꼼짝 못하고 있었다. 눈을 크게 뜨고 지나는 사람이 있나 둘러보았으나 개미 새끼 한 마리도 보이지 않았다 한다. 농한기 시골에서는 사람 보기가 귀하다. 몸은 점점 얼어붙고 정신이 몽롱해질 즈음, 마침 멀리서 동네 아재가 마을회관 쪽으로 가는 게 보였다고 하였다. 하지만 그것도 잠깐, 아재를 소리쳐 불러도 마음뿐이었다. 머리를 들어 올릴 수도, 손짓을 할 수도 없었고 목소리조차도 나오지 않았다고 한다. 얼마나 무서웠을까. 언 땅에 넘어지면서 받은 충격과 차가운 곳에 약 한 시간여 방치되어 있었더니 온몸이 얼어버린 모양이었다. 문득 이렇게 죽는구나! 라는 생각이 들었다 한다. 시간이 흐르면서 놀란 가슴도 진정이 되었고, 젖 먹던 힘까지 보태어 걷다가 기다가 하면서 집으로 와 쓰러져 죽은 듯 잠에 빠졌다 한다. 한밤 자고 나면 말끔히 나을 거라고 생각하면서 말이다. 달아난 애인 따위는 다시 찾고 싶지도 않았다.

 이 얼마나 무지한 생각인가. 피가 나거나 뼈가 부서지지 않으면 병원을 안 가는 그녀라서 그럴 수도 있다. 하지만 기대처럼 몸이 성할 리가 없다. 며칠 뒤 그녀는 바로 앉지도, 눕지도 못할 지경에 이르렀고 그제야 병원을 찾았다. 의사 선생님은 좀 더 일찍 오지 않은 것을 탓하려다 지금이라도 와서 다행이라고 그녀를 안심시켰다. 넘어진 즉시 119구급차를 불렀어야 했다는 내 말에 그녀는 동네 창피하게 호들갑을 떨 일은 아니라고 했다. 이런 말을 들을 때면 답답해서 호흡 곤란이 올 지경이다. 그녀는 주변에서 던지는 어떤 비난도 대꾸조차 하지 않을 기세로 입술을 깨문다.

 그녀에게 보행차를 보낼 때는 이런 사고를 상상하지 못했다. 마치 든든한 후원자를 보내는 것처럼 뿌듯했다. 경사진 곳에서는 애인을 잘 다루어야 한다는 사실을 미처 말해주지 못한 게 화근이었다. 오르막을 오를 때는 평지에서와 별반 다르지 않아도 내리막길에서는 브레이크를 중간중간 잡아주면서 내려가야 했다. 이 방법을 몰랐던 그녀가 아차 하는 순간 잡고 있던 보행차가 내리막을 빠르게 내려갔다. 그녀는 보행차를 따라 바삐 발을 옮겨보았으나 마음뿐이고 바닥에 그대로 엎어지는 대형 사고가 나고 말았던 것이다.

바퀴의 안전장치와 브레이크 조작 방법을 제대로 가르쳐줬더라면 막을 수 있는 사고였다.

요즘 시골에서 노인 보행차에 의지해 다니는 할머니를 많이 본다. 마치 거북이처럼 보행차를 밀며 마을회관으로 모이는 풍경이 그리 신기한 것도 아니다. 처음 그녀에게 보행차를 보낼 때도 마음이 아팠다. 이제는 스스로 걷는 게 힘들어 보행차에 의지해야 한다는 사실에 정말 마음이 아렸다. 그녀에게 전화해서 일부러 웃음소리 가득 실어 소리쳤다. "오늘 엄마에게 애인이 배달됩니다. 우리 엄마, 앞으로 애인이랑 사이좋게 지내요. 이제는 허리 펴고 사세요. 애인이 생겼네요! 애인이 생겼어요!"

그렇게 보낸 애인 때문에 생각지도 못한 고생을 그녀가 하고 있다. 홀로 여위어가는 그녀에게 정작 필요한 것은, 말 못하고 정 없는 보행차가 아니었다. 애인이라면 바쁘다는 핑계로 소홀해서는 안 되는 것이다.

뒷산 흐드러진 진달래에 위로받은 그녀 볼이 발그레 생기가 돈다. 이제는 내가 그녀 곁에 자주자주 맴돌면서 든든한 애인이 되어 주어야겠다.

## 안갖춘꽃

 세상에는 여러 꽃이 있다. 그 꽃이 갖춘꽃인지 안갖춘꽃인지 한 번도 분류해 본 적이 없다. 암술, 수술, 꽃잎, 꽃받침을 모두 가지고 있는 꽃을 갖춘꽃이라고 한다. 여기서 하나라도 없으면 안갖춘꽃이다. 내가 꽃이라면 나는 분명 안갖춘꽃에 속할 것이다. 부족함이 많은 사람이니까.

 올해는 우리 집에 새 식구가 들어온다. 마치 새봄이 찾아온 듯 화사하고 따스하다. 예비 사위가 오면 어떤 질문을 할 것인가 남편과 의논해 두었다. 깨끗한 옷차림에 덩치가 있는 사람이었다. 부모님은 계시느냐고 먼저 물어보았다. 그리고 직장을 물었고, 결혼하면 집은 어떻게 할 것인가,

이런 의례적인 질문들을 이어갔다. 속물이라 해도 할 수 없었다. 그의 경제력을 파악해 본 것이다.

 돌아온 답은 내 마음에 흡족하지 못했다. 걱정이 앞섰다. 요즘처럼 집 구하기도 힘든 시기에 앞이 캄캄했다. 딸에게 교제 기간이 얼마나 되었냐고 물었다. 8년째라고 한다. 8년째 이어온 사랑 앞에 우리는 할 말이 없었다. 그래도 다시금 딸에게 결혼할 마음은 변함이 없냐고 물었다. 딸은 '예'라고 즉답을 했다. 딸의 대답에 그는 어깨를 들썩이며 눈물을 흘렸다. 반대의 '반'자도 끄집어낼 수 없는 둘의 간절한 사랑 앞에 우리는 허락을 했다. 허락했으면 모든 것을 품어야 하는 것도 알고 있었다. 하지만 나는 불편한 마음을 표현하고 말았다. 요즘 같은 세상에 어떻게 사랑만 믿고 결혼 허락을 받으러 올 수 있느냐고. 그리고 다시금 말했다. 결혼은 현실이라며, 속상한 마음을 내비치고 말았다. 그러고는 딸 가진 엄마로서 충분히 할 수 있는 말을 했다고 스스로 합리화시켜 버렸다.

 지금 가만 생각해 보니 왜 그랬을까 후회막심하다.

 둘은 결혼예식 중에 장윤정, 남진 가수의 〈당신이 좋아〉를 멋들어지게 불렀다. 옆에서 한 번씩 화음을 넣는 딸의 목소리는 음치였다. 딸의 목소리가 나올 때면 하객들 마스

크 너머로 한바탕 웃음이 터져 나왔다. 사람들 웃음소리에 기가 죽을 만도 한데, 둘만의 박자를 쿵작쿵작 맞춰가며 노래를 이어갔다. 사랑이 이런 모양이구나 했다. 둘은 이렇게 장단 맞춰가며 8년째 사랑을 이어온 것이다. 둘의 노래로 결혼식장은 흥겨움이 넘쳤다.

주례사로 대신할 아빠의 당부 말도 준비했다. 절대로 편지 같은 건 쓰지 않겠다는 남편을 아들과 내가 등 떠밀었다. 이렇게 하세요, 저렇게 하세요, 딸 시집보내는 일을 가족은 여행 일정 짜듯 신나게 했다. 드디어 남편과 나의 마음을 담은 짧은 글을 완성했다. 남편이 실수할까 행동 지침까지 편지에 적어주었다.

(먼저 인사)

안녕하십니까? 신부 아버지입니다.(하고 식장을 한번 본다)

코로나 시기인데 우리 아이들이 결혼식을 하게 되었습니다. 만약 오늘 결혼식을 하지 않았으면 큰일날 뻔했습니다. 코로나로 정상적인 날들을 보내기 힘드실 텐데, 소중한 시간을 내어 이렇게 자리를 빛내주셔서 정말 감사드립니다.(인사)

평생 아빠 엄마와 같이 산다고 약속했던 보민이가 결혼한다며 배신을 선언하기에 한마디 해주기 위해 이 자리에 섰습니다.

사랑하는 딸 보민아,

아빠는 오늘 참 좋단다. 요즘 비혼을 외치는 사람들이 많다는데, 넌 이렇게 듬직한 진짜배기 배필을 만나 많은 사람의 축복을 받으며 결혼을 해주니 고맙다.(허허 웃음)

사랑하는 딸아~(잠시 5초 쉬고) 알아서 잘하겠지만 아빠가 바라는 것이 있단다.

앞으로 좀 더 독해지길 바란다.(잠시 5초 쉬고)

사랑을 배우는 일에 있어 좀 더 독해지길 바란다. 진심으로 사랑을 하면 후회하지 않는 삶을 살게 될 것이다. 그럼 너희들의 앞길을 가로막는 그 어떤 일들도 잘 헤쳐 나갈 것이다.

사랑이라는 그릇에는 모든 것들이 담겨 있는 것도 잘 알고 있지?

건강을 챙기는 법, 지혜롭게 사는 법, 감사하는 법 등 꼭 그러길 바란다.

사랑하는 딸아~(큰소리로)

새 식구가 된 믿음직한 우리 사위, 상혁아~(큰소리로)

행복하게 잘 살아라.

    그리고 오늘 귀한 발걸음해 주신 분들께 다시 한번 감사 인사드립니다.

    고맙습니다!(인사)

    코로나19로 손님이 적을 거라는 예상과 달리 많은 분의 축복을 받으며 성황리에 결혼식을 올렸다. 주례 선생님 대신 양가 부모가 아이들 앞날을 축복하는 편지글을 낭독했다. 바깥사돈이 '결혼은 사랑하는 사람과 하는 것이 아니라 가장 오래 사랑을 할 사람과 하는 것이라고 생각한다.'는 의미 있는 글귀로 아이들 앞날을 밝혀 주셨다.

    꽃을 볼 때 갖춘꽃과 안갖춘꽃으로 분류해서 꽃을 볼 일은 없다. 그냥 한 떨기 꽃으로 봐줄 뿐이다. 부족함이 보이는 안갖춘꽃이라 해도 상관없다. 갖춘꽃과 안갖춘꽃은 각자 길을 따라 묵묵히 피고 진다. 꽃은 꽃으로서 제 몫을 할 따름이다.

    우리 아이들도 남과 비교하지 않는 저만의 삶을 잘 살아갈 거라고 믿는다.

# 봉투 두 개

 굵직굵직한 기념일이 많은 오월이다.
 지난해에 결혼한 딸과 사위가 어버이날에 찾아왔다. 선물이라며 봉투 두 개를 준비해서 남편과 내게 하나씩 내밀었다. 마음이 이상했다. 딸아이가 직장 다닐 때 주던 선물과는 사뭇 달랐다. 언제나 어리다고 여겼는데 훌쩍 어른이 돼버린 느낌이었다. 그만큼 나도 나이를 먹어 버렸다. 연년생으로 애 둘을 낳아 씨름하던 초보 엄마 시절이 아직도 선하다. 그땐 왜 그렇게 하루하루가 숨이 차고 힘들었는지 모르겠다. 크고 작은 일이 많았지만 무더웠던 그 여름날이 마치 박제된 것처럼 머릿속에서 툭하면 떠오른다.

그해 여름은 유난히 더웠다.

찜통더위도 힘든데 아파트 실내 소독을 하는 날이면 앞이 캄캄해졌다. 24개월 된 딸아이와 8개월 된 작은 녀석 때문이다. 아이가 둘이다 보니 남의 집을 방문한다는 것은 엄두도 못 냈다. 실내 소독을 하는 날은 마땅히 갈 곳이 없었다. 아침부터 이슬비가 내리는데 관리실에서는 실내 소독을 알리는 방송을 했다. 후닥닥 외출 준비를 마쳤다. 기저귀 가방에 우유병과 손수건, 간식 등을 마구 쑤셔 넣었다. 작은 녀석은 등에 업었다. 딸아이를 왼손에 잡고 기저귀 가방은 오른손에 움켜쥐고 아파트를 나섰다. 비장한 준비를 하고 나섰지만 이런 나를 반길 곳은 없는 듯했다. 비 오는 날 아이 둘을 데리고 온다면 두 팔 벌려 반기지는 못할 것 같다. 머릿속이 복잡했다. 잠시 망설이다 버스에 몸을 실었다.

집 앞 버스를 아무거나 타고 종점까지 갔다가, 다시 돌아오는 길이었다. 잘 놀던 딸아이가 잠이 오는지 칭얼대기 시작했다. 어르고 달래도 딸아이는 날 괴롭고 난처하게 만들었다. 버스 안 승객들이 걱정 반 짜증 반인 눈빛으로 쳐다봤다. 결국 눈치가 보여 도중에 버스에서 내려야 했다. 다행히 작은 녀석은 등에 업혀 잘 놀았다. 딸아이가 잠투정을 멈추지 않아서 안을 수밖에 없었다. 아이 하나는 등에 업고 또 하나는 안고서 기저귀 가방을 질질 끌며 걸었다. 이런 내 모습에 지나는 사람들이 한마디씩 했다.

"뭐 할라꼬 애를 연년생으로 낳았노!"

"어쩌나! 애들이 불쌍하네, 불쌍해."

지나가는 차 안에서도 사람들이 우릴 쳐다보는 듯 시선이 따갑게 느껴졌다. '만약 결혼한다면 저렇게는 안 살아야지.' 했던 그림이 있었다. 언젠가 버스 안에서 바라봤던 안타까운 아줌마 모습이 바로 나였다. 아이 둘을 업고 안고서 버스 세 정거장쯤을 걸었다. 안간힘을 쓰면서 집에 도착하고 보니 내 꼴이 말이 아니었다. 영락없는 패잔병이었다. 알 수 없는 눈물이 났다. 집 밖을 나가면 미니스커트에 하이힐을 신은 내 또래 미시족들이 자신을 뽐내며 활보한다. 도대체 난 이게 뭐람! 하루 24시간을 종종거리는 날들에 삶이 뭉개지고 있었다. 뜻하지 않게 연년생을 낳았으니 누굴 탓할 수도 없는 현실이었다. 무조건 힘을 내야 했다.

그 이후로도 아파트 실내 소독하는 날이면 큰 걱정이 앞섰지만, 두 아이의 방실 웃음과 통통하게 커가는 모습이 신기하기만 했다. 엉덩이를 씰룩씰룩 흔들며 춤을 추고 엄마, 아빠 얼굴에 다투어 뽀뽀 세례를 퍼부을 때면 하루의 피곤

함이 말끔히 사라졌다.

  철없던 시절에는 결혼하면 무엇이든 척척 해내는 능력이 저절로 생기는 줄 알았다. 아이를 키우는 법을 미리 익히고 결혼했더라면 덜 힘들었을까. 아무런 준비 없이 연년생 낳은 걸 후회도 했다. 그래도 키워 놓고 보니 둘은 친구처럼 정겹다.

  딸은 나를 닮은 듯, 아닌 듯 묘하다. 다행히 나처럼 덤벙대지 않고 준비성 있게 계획을 세워 살아간다. 인터넷을 보고 미역국, 갈비찜, 나물 무치는 방법을 배워서 남편 생일상도 차린단다. 자기 일을 하면서도 지혜롭고 당당히 자기답게 사는 게 보인다. 엄마가 하는 걱정은 그저 기우에 불과하다는 것을 새삼 느낀다. 날 닮지 않은 딸을 보면 흐뭇하다. 집에 와서 이것저것 챙겨가면서 '엄마 없이 못 살아' 하는 딸의 습관적인 하얀 거짓말에도 기분이 좋다.

  오월, 짙어가는 초록을 보면 마음이 절로 싱그럽다. 아파트 담장 위로 넌출거리는 도도함이 아름다운 장미다. 붉은 장미처럼 오월을 즐겨야겠다.

# 넷

오늘은 익살스럽다 • 틈새에 피는 꽃 • 어떤 뒷모습 • 은밀한 고백 하나 • 아무 일도 아닌 듯 • 나답게 살기 • 한밤중의 외줄 타기 • 다슬기와 쇠비름나물 • 창 너머 무지개

## 오늘은 익살스럽다

 화분 사이에 장승 셋이 키대로 서 있다. 우리 집에 오는 사람들은 앞 베란다에 놓인 장승을 신기하고 의아한 눈으로 본다. 있어서는 안 될 것이 있다는 표정이다. 엎어 놓은 항아리 뚜껑 위에 균형을 잡고 서 있으니 멋도 난다. 장승 생김새도 제각각으로 개성이 있다. 키는 60센티미터 정도고 지름은 약 15센티쯤 된다. 인물은 주먹코, 왕눈이, 치켜 올라간 눈썹…. 내 기분에 따라 변화무쌍해 보인다. 내가 기분 좋으면 온화하고 재미있다가도, 몸살이라도 나는 날은 장승도 아프고 슬퍼 보인다. 장승은 우리 아이들이 초등학생일 때 고성탈박물관 '장승교실'에서 체험하며 만든 작품이다.

 '장승은 곧 탈의 기원이며, 바로 단군 할아버지의 얼굴'이라고 박물관 관장이 설명했다. '단군조선 제26대 왕인 탈문천왕(일명 치우천왕)의 위대한 업적을 탈로 표현한 것이 바로 장승'이라고 한다. 탈이란 산 사람의 세계와 죽은 사람의 세계를 오가면서 탈이 나지 않게 막아주는 거란다.

 박물관 관장이 작은아이를 보고 "요놈이 뭘 잘 안 먹지요. 그만 먹겠다고 하면 그리하라고 하세요. 더 먹으면 장이 예민해서 탈이 납니다. 탈은 이렇게 미리 막는 것입니다." 해서 한바탕 웃었다.

 관장의 지시에 따라 먼저 땅바닥에 자기가 그리고 싶은 얼굴을 분필로 그렸다. 그다음 연습용 나무에 똑같이 옮겨 그린 다음, 나무로 된 망치와 납작칼로 그림을 깎았다. 우리 아이들이 각자 하나씩 만들고 남편과 내가 함께 하나를 만들었다. 남들이 완성한 장승을 보고 잘 만들 수 있을지 아이들이 걱정했다. 장승 만들기는 실패가 없다고 내가 말했다. 장승은 입이 삐뚤어도 되고 짝짝이 눈썹이어도 괜찮고 이빨이 빠져도 멋진 작품이 된다며 응원해 주었다. "엄마 이거 좀 도와주세요. 점점 무서워져요. 이제 눈썹과 눈에 까만색을 칠하면 끝이에요." 장승 만들기 하이라이트만 남겨두고 작은 녀석 목소리가 한층 높아졌다.

가족이 만든 장승을 집에 가져왔다. 11월 추운 날씨에 밖에서 손을 호호 불며 만든 장승이다. 가족이 합심하여 만들어서 더 애착이 갔다. 장승을 가져온 날, 아이들이 자기 방문 옆에 세워두었다. 장승을 보면 좀 우습긴 했으나 새로운 기운이 도는 것을 확실히 느꼈다. 자기가 만든 장승을 보면서 아이들 입꼬리가 실룩거렸다.

다음 날, 아이들 일기장을 보았다. 큰아이는 자기 반에서 이런 체험을 해 본 친구는 없을 거라고 적었다. '내가 만들어 놓고 보니 솜씨가 훌륭해서 다음에 또 가고 싶고, 특별한 경험을 해서 자신이 뿌듯하다'라고 했다. 작은아이는 '내 손때가 묻은 장승이어서 더욱 소중하다. 잡귀야 물러가라'고 적었다. 장승 만들기 체험하길 잘했다며 흐뭇해했다.

한동안 아이들 방 앞을 지키던 장승을 베란다에 내놓기로 했다. 얼굴을 어느 쪽으로 둬야 좋을지 가족회의를 했다. 뒷모습이 보이게 둘까. 내 기분 따라 변화무쌍한 앞모습이 보이게 둘까 고민했다. 장승으로 인해 소소한 즐거움이 생기고 행복한 고민도 나눴다. 장승은 동네 어귀에 서서 액을 막는다. 그렇기에 바깥쪽으로 얼굴을 둬야 우리 집에 올 액을 막는다고 결론지었다. 하지만 장승 뒷모습은 정말

볼품이 없었다. 3개월쯤 뒷모습을 보다가 결국 거실 쪽을 바라보게 돌려두었다. 자주 보다 보니 가족처럼 정겹다.

가족 중 내가 장승에게 눈길을 가장 많이 준다. 액을 막는다는 본래 의미는 사라지고, 한 번씩 마음의 위안을 찾고자 물끄러미 쳐다본다. 이제는 저 자리에 장승이 없으면 허전할 것 같다. 장승이 우리를 보살펴 준다면, 나는 뒤에서 장승을 보살핀다는 생각이다.

어느덧 아이들이 자라 성인이 되었다. 장승도 그만큼 세월을 켜켜이 덮어썼다. 나무 틈이 조금씩 갈라지고 색이 많이 바래 오래된 느낌이 든다. 오히려 기품이 있어 보이고 여유로워 보인다. 낡아가는 우리 집 앞 베란다와도 잘 어울린다.

오늘은 장승이 익살스러운 웃음을 보내왔다. 기분이 좋다는 거다. 어찌 보면 장승은 긴 세월 우리의 안녕을 바랐을 것이다. 스물다섯 해쯤 함께하다 보니 내 작은 기분 변화에도 먼저 반응한다. 오늘도 장승은 눈썹까지 움직이며 익살스럽게 웃는다.

## 틈새에 피는 꽃

 틈 사이로 빗물이 새어든다. 비가 올 때마다 앞 베란다에 물이 고였다. 창틀과 창문이 맞물리는 곳에 발라놓은 실리콘이 미세하게 벌어져 있다. 빈틈이 생겼다. 빈틈이라는 단어를 마주할 때면 자꾸만 그날 일이 떠오른다.

 그날은 왠지 이상했다. 녹색신호를 보자마자 앞차보다 내가 먼저 브레이크에서 발을 떼었다. 그 순간 앞차와 아주 살짝 부딪치고 말았다. 앞차에는 여자 네 명이 타고 있었다. 별일 아니라고 여겼으나 혹시 몸이 불편하시면 연락하라며 전화번호를 주고 헤어졌다.

 10분쯤 뒤에 상대방 쪽에서 전화가 왔다.

"혹시 차에 블랙박스 있습니까?" 첫마디에 블랙박스가 있는지 묻는 게 수상했다.

"아니요. 없습니다." 사실대로 대답했다. 하지만 이 짧은 한 통의 전화로 큰 교통사고가 시작될 줄은 상상도 못했다. 블랙박스가 없으니 없다고 했을 뿐이다.

잠시 후 한 남자가 다시 전화를 걸어왔다. 대뜸 뺑소니라며 고함을 치는 것이었다. 무슨 말을 하냐며 다시 사고 장소로 달려갔다. 모두가 한자리에 모였다. 시시비비를 따지는 과정에서 상대방은 법대로 하자며 큰소리쳤다. 나도 "네, 법대로 합시다." 대답하고 헤어졌다.

얼마 후 보험사에서 연락이 왔다. 동승자 네 명 모두 통증을 호소하며 입원했고 상대방 차 뒤 범퍼를 교체했다는 통보였다. 그 일로 자동차 보험수가는 엄청나게 올랐다. 뒤에서 신호대기 중인 차와 추돌했으니 100% 내 잘못이라는 것이다. 그래도 억울했다. 보험사 직원에게 하소연했다.

"그 사람들은 비스킷으로 만들어졌나요? 아님, 지푸라기로 만들어졌답니까? 정체된 상태에서 살짝 부딪친 건데 어떻게 동승자 모두 입원합니까? 이건 명백한 보험 사기단입니다."

그러나 하소연은 하소연에 불과했다. 그들이 주장했던

사람과 사람 사이에도 마음 한 귀퉁이를 내어주는
빈틈을 가지고 살면 좋겠다.
그 틈새에 환한 꽃이 언제든 피어나고 소통의 공간이 되길 바란다.

법대로의 이 모든 상황을 순순히 받아들일 수밖에 없었다. 이 일로 한참 가슴앓이를 하고 있을 때 친구를 만나 자연스럽게 또 사정 이야기를 했다. 내 말을 한참 듣고 있던 친구는 되레 냉정했다.

"넌 왜 그 사람들 욕해?"

"그깟 일로 네 명 다 입원할 일이야? 범퍼를 갈아 끼울 일도 아니잖아."

"네가 먼저 빈틈을 보였으니 그렇지."

"빈틈?"

"블랙박스가 없어도 있다고 했어야지."

"아니, 없는 걸 어떻게 있다고 해? 없으면 없다고 해야지."

"그러니까 넌 그 사람들 욕할 자격이 없어. 그들은 네 빈틈을 딱 파고들어서 자기 몫을 챙긴 거야. 요즘이 어떤 세상인데."

친구와 말을 주고받다 보니 묘하게 친구 말이 맞는 것 같았다. 그들이 블랙박스 유무를 물었을 때 있다고 했다면 일이 이렇게까지 커지지는 않았을 거였다. 하지만 다시 이런 일이 생긴다 해도 나는 없는 블랙박스는 없다고 말할 것 같다.

빈틈은 비어 있는 사이이다. 길을 가다가 보도블록 틈 사이에 핀 제비꽃이나 민들레를 만날 때면 그 생명력에 박수를 보낸다. 바람결에 꽃씨가 실려 와 척박한 틈에 뿌리내려 싹을 틔우고 꽃을 피운다. 그 좁은 틈새에 핀 꽃을 보면 눈을 쉬 떼지 못해 한참을 서성이다 온다. 그런 날이면 나는 잘살고 있는지 뒤돌아보게 된다. 수많은 것들을 누리면서 불평은 하지 않았는지. 빈틈은 이처럼 위로와 희망이 되기도 한다. 사람살이는 스포츠 경기처럼 빈틈을 노려 우승의 기회를 잡는 것과는 다르다. 사람과 사람 사이에도 마음 한 귀퉁이를 내어주는 빈틈을 가지고 살면 좋겠다. 그 틈새에 환한 꽃이 언제든 피어나고 소통의 공간이 되길 바란다.

내일은 햇살이 좋다면 앞 베란다 실리콘 공사를 해야겠다.

## 어떤 뒷모습

 산산한 가을바람이 유혹한다. 이런 날은 억새가 몸 비비는 단풍 든 산에 오르고 싶다.
 오늘도 산책길에서 쉰 중반의 남자를 만난다. 일주일에 서너 번 그와 마주친다. 가로수길 나무 벤치에 나란히 앉아도 본다. 그와 거리를 좁혀가며 얼굴을 슬쩍 훔쳐보기도 여러 번이다. 남자도 나를 의식하는지 모른다. 남자는 누군가 먼저 말 걸어주기를 바라는 사람처럼 외로워 보인다.
 어제는 집에 오는 길에 저만치 앞서가는 남자 뒤를 따라 걸었다. 남자와 적당한 거리를 유지하며 가만가만 걸음을 옮겼다. 오른쪽 다리가 힘이 빠진 왼쪽 다리를 끌다시피 걷는다. 지독스레 고독의 냄새가 난다. 누군가는 그와 동행을 해주어야 할 것 같다. 얼마나 자기를 채찍질하며 걸었을까.

그의 뒤를 따라 걷는데 이상하리만큼 여러 가지의 감정 문이 열리기 시작했다. 남자의 셔츠는 이미 땀으로 범벅이 되었다. 바라보는 것만으로 위태롭다. 고개를 푹 떨어뜨리고 발등을 내려다보며 걷는다. 어눌한 몸짓으로 보아 그는 뇌졸중 후유증으로 보였다.

내 의지대로 되지 않는 것이 인생이다. 어쩌나 저 남자, 겨우 쉰 언저리쯤 돼 보인다. 거리를 좁히지 않고 남자의 뒷모습에서 투영되는 얼굴을 그려본다. 저 몸을 끌며 느릿느릿 자신과 싸우는 모습과 달리, '피할 수 없으면 즐겨라'는 명언처럼 이 순간을 즐기는 얼굴이다. 다행이다. 모든 것을 감내하기로 한 듯 의연하다.

지난날 갱년기를 몹시 심하게 앓았다. 신경정신과 약을 복용한 지 수개월이 지나도 나아질 기미가 없었다. 심장이 두근거리고 걸핏하면 쓰러졌다. 일상생활이 힘들어 나날이 절망에 빠져들었다. 그러던 어느 날 우곡사 은행나무 앞에 섰을 때 큰 위안을 받았다. 상처 깊은 노거수가 괜찮다, 괜찮다며 수천 개 샛노란 손을 나에게 흔들어 주었다.

창원 우곡사 초입 은행나무는 어느 날 내리친 벼락에 네 아름이 넘는 엄청 큰 나무 밑동이 시커멓게 타버렸다. 한겨울에 찾았을 땐 속이 텅 비어 죽은 줄 알았는데 기적처럼

그는 어쩌다 예상치 못한 사고이거나 재난을 만나 잠시 중심을 잃었을 뿐이리.
몸은 비록 형편없이 망가졌으나 생의 의지는 다행히 꺾이지 않았다.

살아 있다. 해마다 가지를 뻗고 싹을 틔워 가을이면 노랗게 단풍이 들어 열매를 매단다. 가까이서 보면 보잘것없는 속 빈 나무인데 멀리서 보면 우람하다. 삶의 의지를 꺾지 않고 수백 년을 버티고 섰다.

앞서 걷는 남자의 입에서 단내가 나리라. 그는 어쩌다 예상치 못한 사고이거나 재난을 만나 잠시 중심을 잃었을 뿐이리. 건강을 찾기 위해 상실감 따위를 보일 틈조차 없다. 이를 악물고 이겨내리라 믿으며 재활을 위해 걷고 있는 것이다. 몸은 비록 형편없이 망가졌으나 생의 의지는 다행히 꺾이지 않았다.

상처 많은 노거수가 나를 응원했듯, 그 남자의 건강이 회복되기를 힘껏 응원한다. 그는 믿고 있을 것이다. 현실의 벽을 넘어서면 좀 더 나은 인생길이 기다린다는 것을 말이다. 남자의 셔츠를 적신 땀이, 입에서 뿜어내는 단내가 그렇게 말해준다.

단풍물 곱게 물든 가로수길을 바라보다 우곡사 은행나무를 떠올렸다. 수천수만 개 노란 손들이 파란 하늘을 첨벙첨벙 헤엄치는 그림이 그려진다. 오는 주말에는 우곡사에 가봐야겠다. 벼락 맞은 은행나무에게 지금의 내 안부를 전해야겠다.

## 은밀한 고백 하나

 남자가 전화기 속으로 말을 건넨다. 며칠 전부터 모텔 이야기를 꺼내더니만 오늘은 용기를 낸 모양이다.
 "오늘 밤 장미모텔에 가볼래?"
 "미쳤어요? 왜 그래요?"
 "거기, 이상한 데 아니다. 온천도 가능한 가족탕이란 말이다. 그런 곳에 가는 사람들 생각보다 많다더라."
 남편은 내가 이 상황을 금방 수긍해 줄 거라고 믿는 모양이었다. 누구는 부모님과 함께 생활해서 종종 모텔을 이용한다고 했다. 오늘은 함께 일하는 형님네가 권태기를 모텔에서 극복했다며 은근히 치근거린다. 남편 성격으로 이런 말까지 하는 걸 보면 오래전부터 생각을 갈무리해 온 게 틀림없다. 그런 마음을 모른 척할 수 없었다.

"아버님은 어떡하고요?"

"애들한테 부탁하지 뭐…."

치매 증세가 짙어가는 아버님과 지내면서 스트레스가 어지간히도 쌓였나 보다. 자꾸만 보챈다. 나 역시 그 제의가 싫지만은 않았다. 마침 결혼 20주년도 코앞이고, 그곳이 어떤 곳인지 궁금하다. 그러고 보니 신혼여행 이후로 호텔이나 모텔에 단 한 번도 간 적이 없다. 모텔이라는 말만 들어도 마치 진실은 없고 잠시 환상 속에 세운 모래성 같은 곳이라 여겼다. 그러면서도 호기심을 떨칠 수 없었던 것도 사실이다.

비로소 오늘 내가 그 골목에 들어가 보기로 작정한다. 오늘은 웬지 빨간색 미니스커트에 분홍 립스틱을 바르고 굽 높은 구두도 신어야만 할 것 같다. 설렘이 자꾸만 호사스러운 헛바람을 불러온다. 불혹의 고개를 넘긴 나지만 떨리는 가슴에 발걸음조차 허둥댄다. 이런 빈틈을 보이지 않으려고 어둠에 바짝 기대본다. 승용차 안은 아이스크림처럼 달콤한 웃음소리로 차오른다.

"아버님이 이 행복한 시간을 우리에게 만들어 주시네. 그래 뭐든 생각하기 나름이지요. 남들은 우리가 이렇게 재미나게 사는 줄 알까요?"

들뜬 마음을 갈앉혀 보지만 입꼬리는 마냥 파도를 일으킨다.

드디어 온천 지구에 도착했다. 여기서 행여 지인이라도 만나면 어떻게 해야 하나. 마냥 들뜬 기분이 온데간데없이 사라지고 타인의 시선만 신경 쓰였다. 내 의지와는 상관없이 가슴이 콩닥거린다. 소낙비 내리는 봄날 하얀 목련을 지켜보는 심정이다. 이런 나를 비웃기라도 하듯 화려한 불빛은 우리에게 유혹의 눈짓을 보내고 있다. 슬몃 꼬리를 내리는 나에게 그 남자는 기세등등하게 말한다.

"사모님, 우리도 올라갑니다!" 남편은 차를 몰아 모텔을 향해 달렸다. 입구에 '1인 1셔터' 푯말이 한 걸음 걸어 나오듯 막아선다.

"1인 1셔터가 뭐지?"

"글쎄…, 형님이 그런 말은 안 하던데?"

"그럼, 딴 곳으로 가봐요."

"이 일대는 다 붙어 있는 모양인데…."

"일단 한 바퀴 더 돌아보자."

차 안에 팽팽한 긴장감이 감돈다. 남자는 아무리 생각해도 입구에 붙은 수수께끼를 풀 수 없다는 눈치다. 수수께끼 해답을 알려주지 않은 형님을 원망하는 듯 보였다. 한 바퀴 돌고 나서 다시 처음 그 모텔 앞에 멈추었다. 그냥 집으로 돌아가자는 말이 나오려고 했으나 꾹 참으며,

"지금 우리 몇 바퀴를 돌고 있는지 아세요? 기사 아저씨!" 남편은 차를 세우더니 밖으로 나가 담배에 불을 붙이며 제법 허세까지 부린다.

"거기서 지금 뭐 해요? 누가 보면 어쩌려고! 얼른 들어와요."

그때였다. 남편이 느닷없이 전화기를 꺼내더니 아이에게 할아버지 괜찮으시냐며 목소리를 높여 묻는다. 이 상황에서 우리가 부부라는 사실을 명백하게 확인시킨다.

"그만합시다. 아, 진짜 모텔에 들어가 보지도 못하고 온 동네 소문 다 나겠어요."

우린 마주 보며 웃고 만다.

"그만 집으로 가요."

"왜? 들어가 보자. 여기까지 와서…."

결국 돌아오는 차 안이다. 손두부와 막걸리, 그리고 도토리묵을 한 아름 안고 나는 혼자 키득거린다. 그제야 그이도 안심이 되는지 너스레를 떤다. 1인 1셔터 비밀을 형님이 알

려주지 않았다며 변명을 늘어놓는다. '1인 1셔터'는 '당신들의 은밀한 사생활을 보장해 드릴게요. 걱정 마시고 어서 오세요.'라는 뜻임을 나는 안다. 알면서 모른 척하기는 그 남자도 마찬가지다.

"다음에는 장미모텔에 꼭 가봅시다. 오늘 예행연습 했으니 다음번에는 당당하게 들어가기만 하면 되겠죠."

"그래그래."

"어머나, 말은 참 잘해요."

이런 남자와 함께 살고 싶은 것은 무슨 일이든 조바심 내지 않고 늘 괜찮다는 말로 여유를 가질 줄 알기 때문이다. 내게 사랑의 포만감을 안겨줄 줄 아는 사람이다. 그것만으로도 나는 족하다.

진정한 사랑 따위 없을 것 같았던 러브모텔이다. 하지만 그렇지만도 않은 곳이라는 생각이 든다. 우리처럼 멋없는 사람도 낯설고 어두운 골목을 가끔 기웃거린다는 걸 오늘에야 알았다. 이 헛걸음을 계기로 세상 바라보는 눈을 새로이 가지게 되었다. '저 사람은 왜 저렇게 살아가는지 이해할 수 없다.' 혼자 넘겨짚기 전에 '그에게 그럴 만한 이유가 있겠지.'라고 이해하는 여유를 한곳에 놓아 본다.

집으로 돌아오는 길목에 따스한 바람이 반긴다. 동갑내

기 부부이지만 넉 달 연상인 나는 남편에게 존댓말을 하며 산다. 말의 실수를 줄이고 존중을 하며 살자는 나만의 개똥철학이다. 그 누구도 우리에게 오늘 무슨 일이 있었는지 캐묻지는 않겠지만 '1인 1셔터' 푯말 같은 은밀한 사랑 하나쯤 가슴에 두고 딴죽걸이라도 하듯 그렇게 살아간다.

# 아무 일도 아닌 듯

버스에서 내려 네댓 걸음 걷고 있을 때였다.

"잠깐만요."

누군가 뒤에서 나를 불러 세운다. 무슨 일인가 돌아보니 가만히 서 있으란다.

"왜 그러세요?" 그녀가 내 어깨에 손을 올려 뭔가를 떼어 냈다.

"옷에 거미가 붙어 있었어요."

여자는 길바닥 한쪽에 웅크리고 있는 거미를 가리키더니 아무 일도 없었던 것처럼 가던 길을 마저 갔다. 이 더운 여름날 거미가 내 목을 기어오르는 상상만으로도 온몸이 근

질근질했다. 그녀의 뒷모습을 향해 '고맙습니다.' 꾸벅 인사를 했다. 요즘 남 일에 신경 써 주는 사람이 몇이나 될까. 그녀가 베풀어 준 작은 배려를 생각하면 자꾸만 웃음이 나왔다.

지난해 가을, 경남 하동 최참판댁으로 문학기행 갔다가 겪은 일이다. 길가 늘어선 가을꽃을 배경으로 문학축제가 한창이었다. 느긋한 가을 햇살은 평사리 황금 들판에 서 있는 허수아비와도 잘 어우러져 여유로웠다. 지붕에 토란대가 말라가는 풍경도 한가로웠다. 평화로운 농촌 풍경에 마음을 빼앗겼다.

앞서가는 S 선생 운동화에 자꾸만 눈이 가는 게 어쩔 수가 없었다. 보면 볼수록 신기한 운동화였다. 아무리 무시하려고 해도 이미 내 눈은 그 운동화에 딱 꽂혀 버렸다. 운동화 디자인이 저토록 입체적이라니! 어느새 나는 S 선생 옆에 바싹 붙어 있었다. 그런데 아뿔싸, 지금 무엇을 본 것이야. S 선생 운동화에 붙은 건 커다란 지네였다. 지네에 물리면 죽지는 않겠지만 퉁퉁 붓고 말도 못하게 쓰라리다. 심각할 때는 마비가 올 수 있어 치명적이다.

운동화에 들러붙은 지네 녀석이 그냥 물러설 것 같지 않았다. '요놈 봐라! 내가 너를 본 이상 그냥 둘 순 없지.' 시골에서 자랐기에 지네가 그다지 징그럽거나 무섭지는 않다. 어떻게 하면 호들갑스럽지 않게 이 상황을 대처할 수 있을까 생각해 봤다. S 선생의 귀에 대고 '선생님, 운동화에 지네가 붙었어요.' 조용히 말하면 당황할 것이다. 그렇다고 큰 소리로 말했다간 주변 사람들까지 놀랄 게 분명했다. 잠시 생각 끝에 S 선생에게 다가가 이렇게 말했다.

"선생님, 아무것도 묻지 마시고 이쪽으로 오세요. 오른발을 최대한 높게 들었다가 쿵 소리가 나도록 세게 내려쳐 보세요."

S 선생은 고개를 갸우뚱하면서도 내가 시키는 대로 쿵 하고 발을 내리쳤다. 그러자 운동화 옆면에 딱 붙어 있던 왕지네가 길 한쪽으로 벌러덩 뒤집혔다. 그제야 옆에 있던 분들이 "지네다! 왕지네다!" 소리치며 지네를 구경하느라 길을 막고서 야단법석이었다. 두 눈이 똥그래져서 왕지네와 나를 번갈아 보는 S 선생에게 씽긋 웃어주곤 앞서 걸었다.

요즘은 무관심이 미덕처럼 여겨지는 시대를 살고 있다. 선을 긋고 적당히 거리를 유지하는 것을 선호한다. 자칫 관심을 보였다간 오지랖 넓다고 되레 손가락질 받기도 한다. 사람살이가 자로 잰 것처럼 딱딱하기만 하면 무슨 맛이겠는가. 내 어깨에 붙은 거미를 떼어 내준 그녀가 있고, 그녀를 닮은 내가 있어 다행이다. 또 어딘가에는 우릴 닮은 이들이 또 있을 거라는 생각에 웃음이 나온다. 무심한 듯 따듯하게, 보이지 않는 마음들이 오고 가며 관계가 이어진다.
 아무 일도 아닌 것처럼 자연스럽게.

# 나답게 살기

단풍이 고운 날이다. 나들이 나온 할머니 두 분이 나란히 한 발 한 발 조심스레 걸음을 옮기신다. 굽은 등 언저리에 가을볕이 내리고 도로에는 낙엽이 뒹군다. 하늘은 티끌 하나 없고 파랗다. 시선 닿는 곳마다 눈부시게 빛난다. 유모차를 세워두고 아가의 사진을 찍는 엄마도 가을에 빠진 듯 얼굴이 해맑다. 가로수길 사이를 비추는 시월의 햇살이 한 폭의 수채화를 완성한다.

어느 모임에서든 '자신을 위해 살아야 한다.'는 말을 자주 듣는다. 나 같은 중년에게 더 잘 어울리는 말이다. 지금껏 가족을 챙기느라 앞만 보고 달려왔으니 이제 자신을 챙겨

보자는 의미로 받아들이려고 한다. 가끔 주변에서 내게 왜 그리도 답답하게 사느냐고들 한다.

언젠가 이런 질문을 받은 적이 있다. "해외여행 경품에 당첨되었는데 그날이 친척 결혼식과 겹치면 어떻게 하실 건가요?" 난 1초도 머뭇거리지 않고 "여행!"이라고 외쳤다. 두 번째 질문은 "그날이 부모님 제사입니다. 그래도 여행입니까?"였다. 선뜻 대답이 나오지 않았다. 맏며느리기에 갈 수 없을 거라는 혼잣말이 흘러나왔으며, 끝내 '예'라는 대답이 나오지 않았다. 이런 나도 나에게는 나다운 것이다.

시아버님을 돌아올 수 없는 먼 곳으로 보내 드리고 왔을 때다. 다 내려놓고 살면 되는 것을 애쓰며 산다는 핀잔 아닌 핀잔을 들을 때도 많았다. 시어머님이 살아계시는데 편찮으신 시아버님을 우리 집에 모신 것을 두고 하는 말이었다. 그럴 때면 나는 "제 마음이 이리 생겼나 봅니다." 하고 너스레를 떨었다. 그 길을 선택한 것도 나답게 사는 것이다.

어느샌가 세상이 이기주의로 변해가는 걸 느낀다. 느림보 같은 내가 첨단시대를 살아가기에는 힘겨울 때도 많다. 목욕탕만 해도 예전과 많이 달라졌다. 서로에게 스스럼없이 등을 내주며 때를 밀던 시절은 이제 지나간 듯하다.

'나답게 살자'는 말에는 많은 것들이 포함되어 있다.
참고 베푸는 것도 결국은 나를 위함이다.
무한 이기적인 삶만 추구하며 오로지 나만을 위해 사는 것이 아닌,
주변과 어우러진 나다운 삶이 좋다.

하루는 옆에 앉은 사람이 혼자서 손이 닿지 않는 곳을 향해 애쓰는 모습을 보고 "등 밀어드릴까요?" 했다가 거절을 당한 적이 있었다. 그 순간 왜 그렇게 어색하고 민망하던지 앞으로는 그러지 않겠다고 마음먹었다. 그런데 목욕탕에 가면 꼭 혼자 온 사람이 온몸을 비틀며 때를 미느라 애태우는 모습이 눈에 띈다. 내 손이 서너 번만 가면 그곳을 뽀드득하고 매끄럽게 밀어줄 텐데…. 이제 나도 누군가 먼저 도움을 청해오지 않으면 용기를 내지 않기로 했다. 하지만 나도 모르는 사이 마음에 문이 살짝 열릴지도 모른다. 이 모습도 어쩔 수 없는 나다.

생활의 변화는 나날이 빨라진다. 이렇게 살아가다 아예 대화조차 필요 없는 세상이 올 수도 있다는 생각이 든다. 혼자서 모든 걸 해결할 수 있다면 상대와의 교류는 단절될 게 뻔하다. 그렇게 되면 하루에 꼭 필요한 말은 몇 마디나 될까. 점점 기계화되어 가는 세상이 나는 겁이 난다.

'나답게 살자'는 말에는 많은 것들이 포함되어 있다. 참고 베푸는 것도 결국은 나를 위함이다. 무한 이기적인 삶만 추구하며 오로지 나만을 위해 사는 것이 아닌, 주변과 어우러진 나다운 삶이 좋다. 죽음을 앞둔 이들이 '좀 더 참을 걸, 더 베풀 걸, 좀 더 재미있게 살 것을 왜 그리 못했을까.' 후

회한다고 들었다.

 이 가을이 가기 전에 여행을 떠나고 싶다. 그곳에서 길동무를 만나면 따뜻한 차 한 잔을 건네고 싶다. 진짜 '나다운 나'를 나누고 싶다.

## 한밤중의 외줄 타기

 대구로 가는 길이었다. 다음 날 일찍 어머니의 축농증 수술이 있어 보호자로 가야 했다. 한겨울 기온이 크게 떨어져 쌀쌀했다.
 고속도로를 40분쯤 달렸을까. 차에서 이상 징후가 감지되었다. 노래가 1초간 끊겼다가 다시 나왔다. 이게 무슨 일인가. '라디오도 아닌데 노래가 왜 끊기지?' 하는 순간이었다. 속도계가 0으로 내려갔다. 속도계가 0이라니, 시동이 꺼진 거란 걸 직감했다. 재빨리 갓길로 차를 빼야 했다. 시동이 꺼진 채 탄력만으로 차가 달리고 있었다. 계기판에 0이라는 숫자가 무섭게 나를 노려보았다. 1차선에서 2차선으로 변경해야 하는데 쉽지가 않았다. 2차선 차들이 성난 바람처럼 달려드니 그 틈을 비집을 수가 없었다. 무엇보다 밤이라 갓길이 한눈에 들어오지도 않았다. 비상등도 다급히 깜빡였다. 시선은 일찌감치 옆 차선 차들과 거리를 살피느라 창밖에 매달렸다. 고속도로에서 차가 멈추면 어떡하나 얼마나 애가 탔는지 심장이 방망이질하고 온 신경이 날카롭게 곤두섰다.

몇 분 동안이나 시동이 꺼진 채로 달렸을까. '한블리(한문철의 블랙박스 리뷰)' 방송에서 본 것처럼 금방이라도 큰 차가 달려와 내 차를 밀어버릴 것 같았다. 초를 다투는 사이 가까스로 2차선을 넘었고 갓길에 차가 스르르 멈췄다.

차에서 내려 보니 차바퀴가 차선 경계와 맞닿아 있었다. 그래도 차선에서 이렇게라도 빠져나온 것에 안도했다. 도대체 지금 나에게 무슨 일이 일어난 것인가. 차츰 안정을 찾으면서 헛웃음이 새어 나왔다.

보험사에 사고 신고를 했다. 보험사에서는 자꾸만 위치가 어디냐고 물었다. 그 밤에 위치를 어떻게 알 수가 있는가 말이다. 이런 차량사고는 처음이다 보니 일의 진척이 없었다. 주위를 살피는데 고속도로 순찰대가 먼저 왔다. 보험사 직원과 통화하다 전화기를 고속도로 안전순찰원에게 건

캄캄한 고속도로에서의 외줄 타기는 끔찍한 공포였다.
아득히 높은 허공에서 아슬아슬하게 외줄을 타는 곡예사가 되었으니!

두 번 다시는 외줄 타기 같은 그런 일은 없어야 한다.
내일과 마주할 수 없을 것 같은 공포의 시간이었다.

냈다. 순찰원은 통화를 마친 후 내 사정을 듣더니 이만한 게 천만다행이라며 안심시켜 주었다. 그러고는 고장 난 차 뒤쪽에 고속도로용 러버콘으로 사고 차량임을 표시해 주었다. 그는 차 시동은 껐냐고 물었다. 오늘은 얼마나 정신이 없었으면 "아저씨 시동이 그냥 꺼졌어요. 열쇠 빼면 비상등도 꺼지잖아요."라며 오른발을 쿵 내리찍으면서 소리쳤다. 그런 나를 보며 순찰원은 웃으면서 "비상등은 안 꺼집니다. 이제 진정하시고 난간 위로 올라가세요." 했다. 난간 위로 올라서서 "아저씨는 어디 가세요?" 하니 고객님 같은 분이 또 있어서 가야 한다고 했다. 몇 발짝 떼는 그 뒷모습에 다급하게 "아저씨, 너무 무서운데 저를 두고 어디 가세요. 진짜로 갑니까? 아저씨, 아저씨!" 불렀다. 내 목소리는 겨울밤 어둠을 갈랐다. 순찰원이 다시 와서 난간에 서 있는 내게 언덕 쪽으로 더 올라가라고 했다. 거기서 꼼짝 말고 있다가 견인차가 오면 내려오라고 당부하며 떠나갔다. 순찰차가 떠나고 나니 다시 무서움과 추위가 몰려왔다.

캄캄한 겨울밤에 찬 바람과 쌩쌩 달리는 차 소리는 귀를 스치며 잘도 지나가는데, 내 시간만은 꽝꽝 얼어서 흐르지 않았다. 주변을 둘러보아도 선명하게 보이는 것은 아무것도 없었다. 무서움을 떨치려고 고개를 들어 밤하늘을 쳐다

보았다. 어두운 밤하늘에 달과 별은 밝고 아름다웠다. 왠지 나를 비춰주는 것 같기도 했다. 그렇게 한참 동안 밤하늘을 바라보았다. 그 순간 내게 닥친 모든 상황이 꿈이기를 간절히 바랐다. 하지만 마주한 현실은 한밤중에 고속도로 갓길을 한참 벗어난 어느 깜깜한 언덕 위에 서 있었다. 평소 모든 일에 두려움이 없을 것 같은 씩씩한 나였지만, 가슴 서늘한 무서움을 경험한 것이다. '이만하길 천만다행이다' 중얼거리며 별이 가득한 밤하늘 아래에서 마음을 다독이고 또 다독였다. 그제야 축농증 수술을 앞둔 어머님 생각이 났다. 딸에게 내일 새벽 대구행 열차표 예매를 부탁했다.

시간이 흘러 견인차 불빛이 내 앞에 섰다. 마침내 견인차를 타고 86킬로를 달려 다시 창원으로 내려왔다.

다음 날 새벽 대구에 올라가 어머님 병실에서 1박을 했다. 그런데 몸에 이상이 생겼다. 한겨울밤 도로 위에서 고장 난 차와 씨름을 해서일 거다. 춥고 무서웠던 시간은 이겨냈지만, 긴장이 풀리자 소나기에 흠뻑 젖어 몸살을 앓는 날처럼 아팠다.

캄캄한 고속도로에서의 외줄 타기는 끔찍한 공포였다. 아득히 높은 허공에서 아슬아슬하게 외줄을 타는 곡예사가 되었으니! 차선 안과 밖의 경계를 두고 차와 중심을 잡느라

온 신경을 모았다. 안전운전을 위해 차량 점검을 꼼꼼히 해야 하는데 게을리한 것이 불러온 불상사이다. 몇 수년을 나와 함께한 차다. 이상 징후가 느껴져도 괜찮겠지 생각하면서 대수롭지 않게 생각했던 시간이 후회막심이다. 두 번 다시는 외줄 타기 같은 그런 일은 없어야 한다. 내일과 마주할 수 없을 것 같은 공포의 시간이었다.

## 다슬기와 쇠비름나물

 요즘 집 근처 가로수길을 자주 걷는다. 키 큰 플라타너스 나무에 번지는 연둣빛에 마음을 빼앗겨 고개 들어 올려다본다. 햇빛과 어우러져 바람에 흔들리는 연두 이파리가 아기들 재롱처럼 사랑스럽다. 그 너머로 보이는 새파란 하늘에 솜털구름이 바람에 밀려 조금씩 움직인다. 하늘빛과 연둣빛은 천생연분인 듯 잘 어울린다. 어릴 적 보았던 고향빛처럼 반갑고 그립다.

 다가오는 유월은 일 년에 두세 번 얼굴 보는 고향 친구 모임이 있다. 요즘은 마음만 먹으면 핸드폰으로 쉽게 연락을 주고받는다. 너도나도 SNS에 일상을 올리기에 자연스럽게 상대의 근황을 알 수도 있다. 그런데 친구들은 하나같이 조용하다. 세상을 조금 느리게 사는 것인지 나처럼 굳이 일상을 알리고 싶지 않은 것인지 모르겠다.

고향 친구 모임은 여느 모임과 다르다. 모이기로 정한 날을 전후로 약 일주일 정도만 핸드폰이 시끄럽다. 약속 장소를 정할 때와 헤어지고 집에 잘 들어갔다는 인사를 나누면 그 길로 조용해진다. 만나면 허물없고 마냥 좋은데 평소에는 무심하다 할 만큼 서로에게 소원하다. 참 별일이다.

지난 모임은 친구가 운영하는 식육점에서 했다. 장소 제공도 고마운데 고기까지 찬조를 해주었다. 천안에 사는 친구는 키조개와 주꾸미, 각종 채소, 프라이팬에 인덕션까지 꼭 캠핑 오듯이 준비를 해왔다. 그날은 고기를 구워 먹기로 했는데 주메뉴가 '소고기 주꾸미 키조개 샤브샤브'로 바뀌었다. 그날 식탁은 풍성한 만찬이었고 그 어떤 맛집보다 실속 있는 자리였다. 아무리 시끄럽게 떠들어도 주변 눈총을 받지 않아도 되었고 편안하게 보낼 수 있었다.

한때는 하늘 아래 첫 동네 같은 가난한 고향이 싫었다. 어린 나이에도 우리는 정말 일을 많이 했다. 만나면 그 시절 이야기보따리가 절로 풀어진다. 지게 지고 짐을 나른 일과 허리가 아프도록 모내기한 일, 누에치기…. 마치 누가 누가 일을 많이 했나 자랑이라도 하듯 이야기가 끝없이 이어진다. 그땐 왜 그리 가난했을까. 왜 그리도 부모님들은 일을 많이 시켰을까.

"우리가 낫질하는 걸 본다면 기네스북감이라고 놀라겠지!" 누군가의 말에 "맞아, 맞아." 서로가 맞장구를 친다.

어른이 되어서도 우린 하나같이 촌티를 벗어내지 못했다.

경북 봉화 춘양에 사는 친구네에 갔을 때다. 그날은 바비큐를 해 먹기로 했었다. 그런데 길을 가다가 쇠비름나물에 꽂혔다. 순간 우리는 바비큐보다 더 찐한 쇠비름나물 맛을 기억해냈다. 그리운 맛이었다. 다들 비탈진 언덕 아래로 흩어져 쇠비름을 뜯기 시작했다. 예전 일하던 가락이 있어서 얼마 지나지 않아 저마다 한 움큼씩 쇠비름나물을 쥐고 나왔다. 그리고 쇠비름나물을 살짝 데쳐서 된장과 고추장을 넣고 조물조물 무쳐서 큰 양푼에 밥을 넣고 참기름 한 숟가락 넣어 쓱쓱 비벼 나눠 먹었다. 꿀맛이었다. 쇠비름나물이 바비큐를 이겼다. 그러고는 개울에 들어가 옷을 다 적셔가며 다슬기를 잡았다. 잠깐 사이에 꽤 많은 양을 잡았다. 봉화 친구가 다슬기 냉채를 해주었다. 다슬기가 채소보다 더 많이 들어간 다슬기 냉채는 아무데서나 맛볼 수는 없는 특별한 요리다. 먹는 양도 어마어마하다. 밤이 새도록 서로에게 위안이 되자며 술잔을 부딪쳤다. 오늘 같은 밤에 잠을 잔다는 것은 사치라며 친구네 냉장고를 홀쭉하게 만들었다.

가만히 보면 친구들은 하나같이 남들보다 두어 걸음 뒤에서 걷는 것 같다. 안달복달하지 않고 여유롭게 살아간다. 이 모임에 내가 총무를 맡고 있다. 왠지 여기서는 좀 더 느슨해져도 될 것 같다. 굳이 모임 후기를 올리지 않아도, 결산을 제때 안 해도 아무도 닦달하지 않는다. 더 신기한 것은 친구가 다 모이지 않으면 곗돈도 잘 쓰지 못하는 우리다.

지난 모임 때는 사진을 한 장도 찍지 않았다. 아쉬움이 남아 이렇게 글 한 편 남겨 본다. 훗날 '거기 그 식육점에서 주꾸미 쇠고기 샤브샤브를 해 먹었지.' 말하며 옛일을 자연스레 소환하고 싶다.

사회적 위치도 다르고, 하는 일도 가지각색이지만, 일단 만나면 그때 그 시절로 돌아가 긴장된 마음을 잠시나마 내려놓는다. 마을 어귀에 선 뿌리 깊은 느티나무처럼 묵묵히 자기 자리를 지키고 있는 너희들이 있어 참 좋다. 우리라서 참 좋다.

# 창 너머 무지개

 몇 번 벨을 눌렀으나 집 안에서는 아무 반응이 없다. 잠시 마트 다녀온다는 게 소나기를 만나 늦어졌다. 애들이 자나 보다 하고 비밀번호를 누르고 문을 열었다. 집 안에 들어섰을 때 뜻밖의 모습이 펼쳐졌다. 딸아이가 부엌에서 이어폰을 귀에 꽂고 노래를 흥얼거리며 설거지하고 있다. 대견스러워 가슴이 뿌듯하다. 이어 안방 욕실에서 흘러나오는 아들 목소리가 내 귀를 당긴다.
 "할아버지, 가만히 좀 계세요. 한 번만 더해요."
 "됐다. 됐어."
 "할아버지, 잠깐만 참으세요."

녀석은 젖은 수건으로 할아버지 온몸을 살뜰히 닦아내고 있다. 나는 그대로 멈춰 선 채 아들 손놀림을 지켜보았다. 둘의 모습을 바라보는데 그만 눈시울이 뜨거워졌다. 비 그친 후 청명해진 햇살이 안방 창으로 슬그머니 들어와 집 안을 환하게 채웠다. 내가 맨 처음 시아버님 몸을 씻겨 드렸던 날이 떠올랐다.

 아버님이 제시간에 화장실에 못 가 옷을 입은 채 실수하고 말았다. 지독한 냄새가 온 집안을 뒤덮었다. 순간 아찔하고 아무 생각도 나지 않았다. 어떻게든 남편이 집에 돌아올 때까지 기다리며 시간을 보낼 수밖에 없었다. 해결 방책이 서지 않았다. 두어 시간을 그렇게 보냈다. 시어머니라면 또 모른다. 며느리와 시아버지 간의 벽은 크고 높았다. 시간이 지날수록 집 안은 냄새로 가득했다. 아버님 걱정보다 집 안에 냄새가 스며들면 어쩌나 속이 탔다. 주저주저하다 눈을 반쯤 감고 숨을 가다듬으며 용기를 내었다. 치매 앓는 아버님을 집으로 모실 때는 네 살짜리 남자아이 하나 더 키운다고 마음 굳게 먹었으나 말처럼 쉽지 않았다. 아버님 바지를 벗기는 순간이었다.

 '전생에 죄 많이 지은 사람이 맏며느리로 태어난대.' 언젠가 친구 모임에서 들은 말이 떠올랐다. 그날 친구들은 가벼

녀석은 젖은 수건으로 할아버지 온몸을 살뜰히 닦아내고 있다.
나는 그대로 멈춰 선 채 아들 손놀림을 지켜보았다.
둘의 모습을 바라보는데 그만 눈시울이 뜨거워졌다.
비 그친 후 청명해진 햇살이 안방 창으로 슬그머니 들어와 집 안을 환하게 채웠다.

운 농담처럼 이런저런 말들을 쉽게 내뱉었다. 그들 말에 머릿속이 휑하고 신경이 곤두섰다. 어떻게 맏며느리인 친구를 앞에 두고 그런 말을 할 수 있단 말인가. 아무렇게나 조잘거리는 그들 속에서 적잖은 상처를 받았다.

 내가 머뭇거리는 사이 아버님 엉덩이 피부는 벌겋게 독이 올랐다. 더운물을 받아 씻겨 드렸다. 몸을 씻겨 드리며 많은 생각이 들었다. 며느리가 시아버지 목욕을 시켜드리는 게 뭐가 이상하단 말인가. 간병인이 하는 일을 며느리라고 못할 게 무언가. 몸을 씻기고 새 옷으로 갈아입혔다. 문을 열고 환기하고 방향제를 뿌려 시아버지의 실수를 날려 보냈다. 개운한 모습으로 주무시는 얼굴이 아이처럼 맑았다.

 친구 말처럼 전생에 죄를 많이 지었든 아니든 그것은 아무 문제가 되지 않는다. 며느리인 내가 시아버지 병수발을 깔끔히 함으로, 남편과 아이들과 내 집 안이 밝고 산뜻해지는 것이다. 마음 깊은 곳에 앙금으로 남아 있던 친구의 말은 비누 거품처럼 말끔히 씻겨나갔다.

 할아버지가 실수했을 때 아이들이 나를 다급히 찾을 만한데 그러지 않았다. 아들의 손놀림을 지켜보다가 아들을 나지막이 불러 보았다. 아들은 아무렇지 않다는 듯 맑은 목소리로 인사를 건넨다. 때마침 안방 창 너머로 무지개가 걸렸다. 아들은 아픈 할아버지와 살면서 무엇을 느꼈을까.

 어쩌면 안 겪어도 될 상황을 함께 부딪치는 아이들이다. 처음 내가 망설였듯 아이들도 그랬을까. 가슴이 벅차오르면서도 한편으로 먹먹하다. 마음이 그렇게 상쾌할 수가 없었다. 마치 아이들과 힘들고 고된 산행으로 한라산 정상에 도착한 날, 백록담을 바라보듯 뿌듯했다. 이렇게 나는 또 아이들과 함께 성장하고 있다.

| 평설 |

# 순 이롭고, 순이로운 그녀

**이진숙** 소설가

 순이, 그녀와 인연은 20년을 훌쩍 거슬러 올라간다. 우리가 문학에 한창 목말랐던 시절이었다. 창원대학교 평생학습실에서 글쓰기 이론을 들었고, 연못 청운지와 대학 주변 찻집과 주점에서 꽁꽁 묻어둔 불씨를 지폈다. 어쩌다 솔솔 피는 연기에도 가슴 콩콩 뛰며 달떴다. 꿈을 품은 이들만이 짓는 표정을 나누며 우린 자주 행복했다. 그땐 그랬다.
 순이, 그녀가 수필집을 묶는다며 수줍게 원고 뭉치를 내밀었다. 20년이나 품은, 글 보따리를 마침내 풀어 보였다.

두렵고, 부끄럽다며, 무지 상기된 목소리로 출간 소식을 전했다. 무슨 일이나, 누구에게나 무한긍정의 그녀인데 자기 일은 신중하고 또 조심스러웠다. 그런 그녀에게 나는 엄지척을 보내주었다.

순이는 경상북도 군위군 두메산골에서 성장했다. 지독스레 배고팠던 그 시절, 산골 아이들은 학교 공부보다 농사와 집안일에 내몰렸다. 지게 지고 누에 치고, 모심고, 꼴 베고…, 눈앞 현실은 거칠고 꿈은 아득하던 시절이었다.

> 진짜 일하기 싫은 날은 엄마 몰래 도라지밭으로 갔다. 꽃으로 가득한 그곳은 신비로움 그 자체였다. 별 모양 오각형 봉긋한 꽃봉오리가 부풀어 오른 풍선 꽃 같았다. 엄지와 검지, 손으로 꽃봉오리를 누르면 공기가 빠져나가면서 '뽕' 소리를 내며 터졌다. 내 귀에 '뽕, 뽕, 뽕' 소리가 상쾌하게 들려오면 속상한 마음이 조금씩 사라졌다. 좋아하는 보라색 꽃봉오리는 놔두고 하얀색 봉오리만 찾아 터트렸다. '뽕' 소리에 중독이 되어 마구마구 터트렸다.
>
> ─수필 〈도라지꽃이 피면〉 부분

한여름 가마솥더위에 어린 순이가 엄마 뒤를 따라 콩밭

을 맨다. 밭고랑 끝은 보이지 않고 앞서가던 엄마도 이내 보이지 않는다. 어린 게 '엄마, 엄마' 불러가며 콩밭을 따라 맨다. 그러다가 진짜 일하기 싫으면 엄마 몰래 도라지밭에 가서 애먼 꽃봉오리에 소심한 분풀이를 한다. 저 좋아하는 보라 꽃은 두고 하얀 꽃만 골라 터트린다. 도라지 하얀 꽃봉오리가 '뽕', '뽕' 소리 내며 터질 때 절로 위안을 받는다.

순이는 커갈수록 재주도 참 많았다. 춤 잘 추지, 가수 뺨치게 노래도 잘 부른다. 그림도 잘 그린다. 자기도 여태 몰랐던 재주를 하나씩 발견하곤 깜짝깜짝 놀란다. 유년 시절 미술 시간에 노란색 크레파스가 없어 꽃밭을 그리지 못했다. 노랑 튤립을 그리고 싶었으나 노랑 크레파스가 없어 빨강 튤립을 그려야 했다. 순이에게 크레파스는 그림 그리는 용도가 아닌 미술 시간을 무사히 보내기 위한 구급상자 같은 거였다. 그린 순이가 요즘 민화에 빠져 산다. 그림 실력도 일취월장이다. 화구통 둘러메고 문화센터 가는 그녀 엉덩이가 씰룩씰룩 춤을 춘다.

학교 다닐 때 미술 시간은 참 좋았다. 고무판화에 말 그림을 파서 먹을 묻혀 찍어내고, 박제된 꿩을 두고 데생했을 때도 칭찬을 받았다. 화가를 꿈꿀 수 있는 가정 형편이 아니었다. 가끔 내 꿈이 화가는 아니었을까 하는 착각에 빠지기도 한다.

—수필 〈순 이롭다, 순이롭다〉 부분

엄마 재주를 고스란히 그녀 딸이 물려받았다. 딸은 미대 졸업작품전에서 엄마를 모티브로 한 《순 이롭다, 순이롭다》를 발표한다. '순이 사용법'과 '순이 지침서'로 구성된 졸업 작품을 본 그녀는 기가 차면서도 뭉클하다. 팔순의 그녀 어머니도 요즘 치매 예방 프로그램으로 토끼가 거북이 등을 타고 용궁으로 가는 도안 색칠을 하고 있단다. 그러고 보면 그림 그리는 재능은 어머니로부터 내려온 거였다.

그녀가 불쑥 작품 보따리를 내밀 때 눈치를 챘다. 우리가 동시대를 살아내며 많은 부분 닮았다는 것을. 순이는 경북 두메산골에서, 나는 서해 외딴섬에서. 나고 자란 장소만 다를 뿐, 치열하게 읽고 쓰며 막장 속 같은 현실을 벗어나려 무던히도 발버둥질하며 살아왔다는 것을. 그런 중에도 우리에게 글쓰기는 한 줄기 위안이고 희망이었음을.

한때 편지를 쓰면서 답답한 마음을 다스렸다. 편지에 모든 마음을 풀고 싶었다. 직장에 다니며 많은 것을 참고 버텨야 했다. 월급을 받아도 나를 위해 아무것도 할 수 없었다. 유일한 취미라면 라디오를 청취하는 게 전부였다. 가끔 슬픈 감정들이 가득 채워질 때면 편지에 사연을 적어 방송국으로 보냈다. 방송국 관계자가 읽든 말든, 내가 보낸 편지가 폐기 처리되더라도 그냥 보냈다.

—수필 〈가끔 편지를 쓴다〉 부분

 순이에게 편지 쓰기는 버거운 현실에서 비켜서는 유일한 시간이었다. 답장을 기다리는 시간마저 고스란히 설렘이었다. 누군가 붙잡고 차마 하지 못한 말들을 편지에 담아 방송국에 보내고 또 보냈더니 어느 날 라디오에서 사연을 읽어주었다. 꽉 막힌 속이 뻥 뚫린 듯 기뻤겠지. 넘치게 행복했을 거다. 그렇게 시작된 그녀의 편지 쓰기가 지금의 글쓰기로 이어져 오고 있다.
 순이 글은 다소 서툴다. 미사여구로 포장하거나 에둘러 말할 줄 모른다. 은유보다는 직설을 사용한다. 갖은양념하고 멋스럽게 플레이팅 한 고급 요리와는 다르다. 남새밭에서 갓 뽑은 채소를 흐르는 물에 한번 쓱 씻어 와작와작 먹을 때처럼 맛이 살아 있다. 툭툭 내뱉는 특유 사투리에 웃음이 빵 터진다. 이름처럼 글이 순하다. 읽다 보면 그 속이다 보여서 그녀가 와락 친근하게 느껴진다. 어느 산골 소녀의 일기장을 들쳐보는 것처럼 실실 웃음도 나온다.

언젠가 그녀에게 이런 말을 들었다. '내가 쓴 글처럼 살아야지 하며 글을 씁니다. 글을 쓰면서 내가, 내 삶이 조금씩 다듬어지는 것 같아요.' 이 말인즉, 글쓰기가 인생 선생이고 길잡이였음을 고백하는 것이리라. 글을 쓰며 자신을 가르치고 스스로 깨우치며 살아온 그녀에게 살짝 감동했다. 순이가 걸어온 삶의 자취를 살펴볼진대 어느 곳 하나 허술한 데가 없다.

내가 머뭇거리는 사이 아버님 엉덩이 피부는 벌겋게 독이 올랐다. 더운물을 받아 씻겨 드렸다. 몸을 씻겨 드리며 많은 생각이 들었다. 며느리가 시아버지 목욕을 시켜드리는 게 뭐가 이상하단 말인가. 간병인이 하는 일을 며느리라고 못할 게 무언가. 몸을 씻기고 새 옷으로 갈아입혔다. 문을 열고 환기하고 방향제를 뿌려 시아버지의 실수를 날려 보냈다. 개운한 모습으로 주무시는 얼굴이 아이처럼 맑았다.

—수필 〈창 너머 무지개〉 부분

순이는 일찍이 치매 걸린 시아버지를 집에 모셨다. 새파랗게 젊은 며느리가 시아버지 대소변 받아 내는 일이 어디 말처럼 쉬웠을까. 제 한 몸의 수고로움으로 남편과 아이들 삶이 맑아지길 바랐다. 그뿐인가, 20년 넘게 몸담은 〈소나무5길 문학회〉에서 궂은일 도맡아 하며, 기름과 물처럼 섞이지 못하는 상황을 척척 해결해주는 유화제 같은 귀한 사람이다.

곰곰 생각해본다. 사람보다 글이 낫거나, 글보다 사람이 낫거나 중에서 하나를 고르라면 어느 쪽을 선택할지. 세상엔 글 잘 쓰는 사람은 널렸다. 순이처럼 겉모습 그대로 진국인 사람은 드물지 싶다. 순이처럼 글쓰기에 진심인 사람도 또 드물지 싶다. 그녀가 내민 원고 뭉치를 풀어 한 장씩 펼쳐 읽다가 흠칫 놀라 나를 돌아보았다. 속내를 들켜 나도 모르게 헛기침이 나오기도 했다. 순이 글을 읽으며 나 역시 다듬어지는 중이었다.

수필집 표제처럼 순이 글은 순純이롭고 또한 순順이롭다. 막막하던 시절 순이가 라디오 방송국에 편지를 보내며 위안을 받았다면, 이젠 우리가 그녀 글에 위로받을 차례다. 나보다는 부모 형제가 먼저였기에 일찌감치 제 꿈을 접고 산업현장에 뛰어들어야 했던 그네들, 고단한 그 시절을 묵묵히 살아내며 따뜻한 가정을 일구었고, 이제야 제 꿈을 매만지는 여리고 고운 이 땅의 모든 순이들에게 이 책을 권해본다. 순이의 꿈과 삶 전부를 담은 《순 이롭고, 순이롭다》를!

경남산문선 96

# 순이롭다
# 순이롭다

김순이 수필집

1쇄 펴낸날 2025년 7월 31일

지은이 김 순 이
펴낸이 오 하 룡

펴낸곳 도서출판 경남
주 소 창원시 마산합포구 몽고정길 2-1
연락처 (055)245-8818
이메일 gnbook@empas.com
출판등록 제1985-100001호(1985. 5. 6.)
편집팀 오태민 심경애 구도희

ISBN 979-11-6746-190-2-03810

ⓒ김순이

*이 책은 경상남도 경남문화예술진흥원의 문화예술지원을 보조받아 발간되었습니다.
*잘못된 책은 바꿔 드립니다.
*저자와 협의 인지 생략합니다.

값 15,000원